W0048625

Ulrich Müller

Heimat finden

Die Deutsche Bibliothek verzeichnet diese
Publikation in der Deutschen Nationalbibliografie;
detaillierte bibliografische Daten sind im
Internet über www.d-nb.de abrufbar

Sofern nicht anders angegeben, wurde die
Revidierte Elberfelder Übersetzung 2006 ©
R. Brockhaus Verlag, Wuppertal, zitiert (REÜ)

Weitere verwendete Bibelübersetzungen:

GNB = Gute Nachricht Bibel 2000, durchgesehene
Ausgabe in neuer Rechtschreibung ©
Deutsche Bibelgesellschaft, Stuttgart

NGÜ = Neue Genfer Übersetzung 2009 (NT),
2011 (Psalmen) © Genfer Bibelgesellschaft/
Deutsche Bibelgesellschaft, Stuttgart

Lektorat: Dr. Thomas Baumann
Umschlaggestaltung: spoon design, Olaf Johannson
Umschlagbilder: Alena Ozerova,
Olga Pink/Shutterstock.com
Satz: Neufeld Verlag
Herstellung: CPI – Clausen & Bosse, Leck

© 2018 Neufeld Verlag Cuxhaven
ISBN 978-3-86256-086-8, Bestell-Nummer 590 086

www.neufeld-verlag.de / www.neufeld-verlag.ch

Bleiben Sie auf dem Laufenden:
newsletter.neufeld-verlag.de
www.**facebook**.com/NeufeldVerlag
www.neufeld-verlag.de/**blog**

NEUFELD VERLAG

Ulrich Müller

Heimat finden

IMPULSE AUS DEM BUCH RUT

NEUFELD VERLAG

„Ulrich Müllers *Heimat finden* ist ein Buch, das Herz, Sinne und Verstand öffnet für ein Kleinod der Heiligen Schrift, das Buch Rut, das ich noch nie so kraftvoll, lebendig und auf die Gegenwart bezogen vermittelt bekam. Es geht um Fremdsein und Heimat, um die Sehnsucht, irgendwo anzukommen, und um Menschen, die einander im Horizont Gottes gutes Leben und Zukunft ermöglichen. Ulrich Müller packt das so plastisch, menschennah und im besten Sinn praktisch an, dass man dem Buch nur viele Leser wünschen möchte, besonders jene, die im Zeitalter eines neu aufkommenden Fremdenhasses nach den wahren Ressourcen christlicher Humanität suchen."

Bernhard Meuser, *Autor und Verleger*

„Das Buch von Ulrich Müller bringt die Sehnsucht nach Heimat zum Klingen. Es hilft, auf dem Weg zur inneren und äußeren Heimat gute Schritte zu tun. Ich habe mit Gewinn das Buch Rut ganz neu und aktuell entdeckt."

Astrid Eichler, *Bundesreferentin und Vorstand des Netzwerks Solo & Co*

„Heimat – ein Sehnsuchtsort in einer turbulenten Welt. Ulrich Müllers Betrachtungen des alten Buches Rut sind überraschend und gehen nahe. Vor allem sind sie konkret! Hilfreich für alle, die heute Heimat in einer Gemeinde suchen."

Ansgar Hörsting, *Präses des Bundes Freier evangelischer Gemeinden in Deutschland*

INHALT

EINFÜHRUNG

Warum halten manche Kleinkinder nahezu ununterbrochen ein Kuscheltier im Arm? Warum muss der Löwe, Tiger oder Teddybär in jeder Lebenslage dabei sein? Er ist unheimlich wichtig, auch wenn er schon völlig zerschlissen und kaputtgeliebt ist – weil er Geborgenheit und Stabilität ausstrahlt.

Kleine Kinder lernen jeden Tag neue Leute kennen, neue Wörter, neue Gegenden. Laufend müssen sie neue Eindrücke verarbeiten, Geräusche, Gerüche und Geschmäcker einordnen. Immer neue Herausforderungen müssen sie meistern. Da brauchen sie etwas, das sich nicht laufend ändert, sondern Kontinuität und Sicherheit ausstrahlt. Der Teddy, fest umklammert, erfüllt diese Funktion ganz geduldig, er vermittelt die benötigte Geborgenheit.

Wir können das als Erwachsene belächeln. Aber auch bei uns lassen sich ähnliche Mechanismen beobachten: Je schneller sich die Welt um uns herum dreht, je mehr Flexibilität und Mobilität gefordert sind, desto mehr wächst in uns die Sehnsucht nach einem Ort der Stabilität. Je grundlegender um uns herum alles in Frage gestellt wird, desto mehr suchen wir nach belastbaren Sicherheiten. Je mehr wir uns beweisen müssen, desto mehr wünschen wir uns, einfach mal so sein zu können, wie wir sind. Je mehr wir in nur befristeten Beziehungen und jederzeit kündbaren Arbeitsverhältnissen leben, desto mehr haben auch wir „Großen" Bedarf nach unkündbarer Zugehörigkeit, nach Geborgenheit, Stabilität und Sicherheit. Mit anderen Worten: Wir haben „Heimatbedarf"![1]

Heimat steht für den Ort, wo ich zur Ruhe kommen kann – denn dort muss ich keinem etwas beweisen, da muss ich nichts erklären. Heimat bietet mir einen festen Bezugspunkt und Orientierung. Heimat ist da, wo ich hingehöre; sie definiert meine Zugehörigkeit und klärt meine Identität. Heimat vermittelt Sicherheit und Stabilität, Vertrautheit und Geborgenheit.

Wer mit offenen Augen durch die Welt geht, merkt rasch: Menschen suchen Heimat an unterschiedlichen Stellen. Und nicht immer finden sie, was sie suchen. Viele Menschen können die Frage, wo sie wirklich hingehören, (noch) nicht beantworten. Manche, die sich heimatlos fühlen, wissen noch nicht einmal, wo genau sie überhaupt nach Heimat suchen sollen. Die Dichterin Mascha Kaléko hat – wenn auch in anderem geschichtlichen Zusammenhang, nämlich im Exil – diesen Phantomschmerz einmal so formuliert:

> Mir ist zuweilen so, als ob
> das Herz in mir zerbrach.
> Ich habe manchmal Heimweh.
> Ich weiß nur nicht, wonach.[2]

Für viele ist die Frage, wo man hingehört, eng gekoppelt an die Frage, wo man herkommt. Bezüge in die Vergangenheit können ja tatsächlich Heimatgefühle vermitteln, etwa der Apfelkuchen am Familientisch, der riecht wie damals bei den Großeltern, oder aus der Kindheit bekannte Klänge oder Rituale. Auch ein vertrauter, lange nicht mehr gehörter Dialekt, eine Landschaft, die Erinnerungen weckt, oder Straßenzüge, mit denen man prägende Erfahrungen assoziiert, können innerlich ein unwiderstehlich warmes, wohliges Gefühl vermitteln.

Aber der Rückgriff auf die Vergangenheit – etwa über eine rein geografische Verortung, die nach der Herkunft fragt – ist nicht immer auf Dauer belastbar. Neulich sagte mir eine Bekannte, die in der DDR groß wurde: „Jahrelang Hammer,

Zirkel und Ährenkranz, jahrelang ‚Auferstanden aus Ruinen'. Und dann – schwupp! – ist auf einmal dein Heimatland weg! Einfach von der Landkarte verschwunden!"

Heimat muss in der Gegenwart Bedeutung haben, sonst kann sie meiner Unsicherheit, meinem Druck, meinen Fragen und meiner Sehnsucht nicht das Positive entgegensetzen, was sie ausmacht: Halt, Sicherheit, Orientierung, Zugehörigkeit und Identität. Echte Heimat sollte nichts Temporäres oder Vergängliches sein, sondern sie sollte möglichst dauerhaft und verlässlich bestehen. Heimat zu suchen heißt also, sich zu fragen, was wirklich von bleibender Bedeutung und bleibendem Wert ist.

Viele Menschen finden im Glauben eine geistliche Heimat. Letztes Jahr haben sich in meiner Gemeinde an einem Sonntag sechs Neumitglieder kurz vorgestellt. Das war sehr bewegend. Mir fiel auf, dass sich in den Lebensberichten eine Kernaussage in verschiedenen Variationen wiederholte: „Ich habe das Gefühl, dass ich jetzt an einem Ort angekommen bin, zu dem ich schon lange unterwegs war." – „Ich habe hier nach langem Suchen meine Glaubensheimat gefunden." – „Hier fühle ich mich endlich wirklich zu Hause."

Die kurzen Einblicke in ganz unterschiedliche Lebensgeschichten verdeutlichten aber auch, dass die Suche nach einem solchen Zuhause mitunter sehr langwierig und schwierig war und nicht selten erst nach Umwegen an ihr Ziel kam. (Geistliche) Heimat ist nicht etwas, das man einfach vorfindet oder hat. Heimat ist etwas, das man erst suchen und finden muss.

Ein faszinierender Abschnitt aus dem Alten Testament, dem ersten Teil der Bibel, erzählt konkret und anschaulich vom Suchen und Finden der Heimat. Die 3 000 Jahre alte Kurzgeschichte, genauer: Liebesgeschichte (im dritten Kapitel wird die Erzählung so erotisch, dass konservative Leser traditionell rote Ohren kriegen …) erzählt auf den ersten Blick nur aus dem Leben einer ganz normalen Familie. Bei genauerem Hinschauen stellt man aber fest, dass das Buch Rut sich dann doch um eine ganz besondere Familie dreht: Die Hauptfigur Rut ist immerhin Davids Urgroßmutter, also Vorfahrin des berühmtesten und größten Königs Israels.

Aber es geht dem Buch eben nicht nur darum, „einem Könige von Israel anständige, interessante Voreltern zu verschaffen", wie Goethe es in einer vielzitierten Einschätzung formulierte.[3] Schaut man nämlich noch genauer hin, stellt man fest: Das Buch Rut ist eine „Heimatgeschichte' ganz besonderer Art".[4] Rut wird als Heimatsucherin beschrieben, als mutige und unkonventionelle Frau, die ihren bisherigen Lebenskontext verlässt, um Heimat bei dem Gott Israels zu finden.

Denkt man sich ein wenig hinein in die damalige Zeit und Situation, bietet die Geschichte der Moabiterin Rut, die sich Gott und seinem Volk anschließen will, gute Impulse für Menschen, die noch auf der Suche sind nach dem Ort, wo sie hingehören. Sie verdeutlicht, dass wahre Heimat nur bei Gott zu finden ist. Gleichzeitig enthält sie wertvolle Anregungen, wie Menschen, die sich bereits im Glauben zu Hause fühlen und längst in einer Gemeinde „angekommen" sind, Suchende integrieren können.

P. S.: Die Sehnsucht und die Suche nach Heimat sind nicht die einzigen Themen, die im Buch Rut adressiert werden. Es kann wie nur wenige andere biblische Texte unter ganz verschiedenen Blickrichtungen gelesen werden, da es Anregungen und Impulse zu völlig unterschiedlichen Fragestellungen enthält (etwa, um das Themenspektrum anhand spannungsgeladener Begriffspaare deutlich zu machen, zum Verhältnis von Frau und Mann, Armen und Reichen, Alten und Jungen, Einheimischen und Fremden – aber auch zum Verhältnis von Gottes Handeln und menschlicher Eigenverantwortung).

Je nach persönlicher Situation achtet man als Leser auf unterschiedliche Aspekte und rückt passende Deutungsmuster nach vorne. Die „Vielfältigkeit der Ansätze" zeigt die „Vielschichtigkeit des Buches auf, ohne die eine solche Fülle an Interpretationszugängen kaum denkbar wäre".[5] Das vorliegende Buch legt den Fokus bewusst auf den Aspekt der Heimatsuche. Aber nebenbei lassen sich weitere Entdeckungen machen …

AUF DEM WEG

Ich will nach Hause –
jetzt, wo ich weiß, wer das ist.
Ina Müller[6]

Du kommst von Gott. Du gehst zu Gott.
Du bist nirgends daheim als nur in Gott.
P. Raphael Hombach[7]

Und es geschah in den Tagen, als die Richter richteten, da entstand eine Hungersnot im Land. Und ein Mann von Bethlehem-Juda ging hin, um sich im Gebiet von Moab als Fremder aufzuhalten, er und seine Frau und seine beiden Söhne. Und der Name des Mannes war Elimelech und der Name seiner Frau Noomi und die Namen seiner beiden Söhne Machlon und Kiljon, Efratiter aus Bethlehem-Juda. Und sie kamen im Gebiet von Moab an und blieben dort. (Rut 1,1.2)

Seltsamer Einstieg in die Rut-Geschichte: „in den Tagen, als die Richter richteten". Ja, fragt man sich, was sollen sie denn auch sonst tun? Das klingt zunächst so vage und nichtssagend wie „die Zeit, als die Schmiede schmiedeten" oder „als die Bäcker backten". Dennoch erlaubt der erste Satz eine geschichtliche Einordnung: „Zeit der Richter", so nennt man eine bestimmte Phase des Volkes Israel, nämlich die Zeitspanne unmittelbar vor der Einsetzung der Könige. „Richter" waren von Gott berufene charismatische Führungspersönlichkeiten, die in den damaligen Krisenzeiten bemüht waren, die Abwärtsspirale aufzuhalten und Bedrohungen abzuwenden. Berücksichtigt man bei der Datierung zusätzlich, dass Rut als Davids Urgroßmutter bezeichnet wird, lässt sich die Rut-Geschichte zeitlich etwa zwischen 1200 und 1100 v. Chr. ansiedeln.

Der einleitende Satz bietet jedoch nicht nur eine reine Zeitangabe (die ohnehin eher grob ausfällt; dem Erzähler kommt es „nicht auf Jahr und Tag" an[8]), sondern eine Epochenangabe: Die zeitliche Einordnung gibt auch *inhaltlich* eine Richtung vor, sie umreißt unausgesprochen den Zeitgeist. Die Rut-Geschichte spielt in einer Epoche, die durch einen Grundsatz geprägt war (Richter 17,6; GNB; ähnlich Richter 21,25): „Es gab zu jener Zeit noch keinen König in Israel und jeder tat, was er wollte." Es gibt nicht mehr die breit akzeptierten Leitfiguren wie Mose, Aaron und Josua, es gibt noch nicht die großen Könige wie David und Salomo.

Es ist eine eher schwierige, ziemlich chaotische Zeit des Umbruchs, gekennzeichnet durch fehlende Stabilität und Orientierungslosigkeit. Es wächst eine Generation heran, die keinen Bezug zum Glauben hat, Gott nur vom Hörensagen kennt (Richter 2,7–10). Entsprechend geht es drunter und drüber.

Rut lebt also in einer Zeit, die unserer nicht ganz unähnlich ist: Die meisten Menschen wollen von Gott nichts wissen und erst recht nicht ihr Leben nach seinen Vorstellungen ausrichten. (Und genau dazu setzt das Buch Rut im weiteren Verlauf einen überraschenden Gegenakzent: Ausgerechnet eine Außenstehende, die nicht zum Volk Gottes gehört, wendet sich ihm bewusst und radikal zu und steht so für das „gute Israel" …)

Aber der Reihe nach: Eine Familie aus Juda betritt die Szenerie, Elimelech mit seiner Frau Noomi (je nach Bibelübersetzung auch Naomi, Noemi oder Naemi geschrieben) und zwei Jungs. Sie wohnen in Bethlehem, etwas südlich von Jerusalem, sehen aber aufgrund einer Hungersnot keine Lebensgrundlage mehr in Juda und wandern aus. „Israel ist zu biblischen Zeiten ein Agrarland, dessen Versorgung allein vom Niederschlag abhängt. Jedes unvorhergesehene

Ereignis kann zu einem Ernteausfall führen", der
„noch in den Folgejahren Nahrungsmangel mit
sich bringt".[9]

Welches unvorhergesehene Ereignis in diesem
Fall Grund für den Ernteausfall war, bleibt unklar:
Vielleicht blieb schlicht der Regen aus und das
führte zu Dürre und ausgetrockneten Feldern.
Vielleicht trieben Schädlinge, etwa Heuschre-
cken oder Raupen (5. Mose 28,38; 1. Könige 8,37;
Joel 1; Amos 7,1), ihr Unwesen. Vielleicht richteten Feinde im Zuge kriegerischer Auseinander-
setzungen Verwüstungen an (vgl. Richter 6,3ff).
Wie auch immer: Ein Ernteausfall führte damals
leicht zu einem bedrohlichen Versorgungseng-
pass und zu einer existenziellen Lebenskrise. Wir
können uns heute angesichts übervoller Super-
marktregale, mannshoher Tiefkühlschränke und
ganzjähriger Obst- und Gemüseimporte diese
unmittelbare Abhängigkeit von gelingenden
Ernten vor Ort kaum noch vorstellen.

Die VOX-Sendung „Goodbye Deutschland –
die Auswanderer" zeigt zwar auch seit einigen
Jahren Deutsche, die auswandern wollen oder
bereits ausgewandert sind. Das sind aber eher
schräge Gestalten, keine Menschen, die sich wie
Elimelech und Noomi aus einer lebensbedroh-
lichen Notsituation heraus zur Flucht gezwungen sehen. Wer zur Lebensgeschichte der beiden

heimische Parallelen sucht, sollte einmal das Deutsche Auswandererhaus in Bremerhaven besuchen. Das führt anhand konkreter Biografien eindrücklich vor Augen, wie sich vor allem im 19. Jahrhundert Deutsche zu Tausenden aus lauter Verzweiflung angesichts der aussichtslosen Lage hierzulande in Amerika ein neues Leben aufbauen wollten. Das Museum macht deutlich, dass auch Deutsche in früheren Zeiten als „Wirtschaftsflüchtlinge" eine neue Chance suchten.

Genauso ergeht es Elimelech und Noomi hier: Sie sehen für ihre vierköpfige Familie keine Perspektive mehr in Israel. Sie geben aufgrund ihrer Notlage ihr bisheriges Zuhause auf. Die ganze Familie sucht Zuflucht im Ausland. Ihr Grundstück (das spielt erst im vierten Kapitel eine Rolle) müssen sie verkaufen oder verpfänden. Schweren Herzens sagen sie „Goodbye Bethlehem", machen sich mit kleinem Gepäck auf den Weg in das an Israel angrenzende Moab – und hoffen, sich dort zumindest übergangsweise eine neue Existenz aufbauen zu können. Moab befindet sich an der Ostseite des Toten Meeres (im heutigen Jordanien). Es liegt also nicht weit weg von Israel, etwa 100–120 km, die Moabiter sind sogar entfernt verwandt mit den Israeliten – und doch steht Moab geradezu für eine andere Welt. Für jüdische Leser stellt der Umzug nach Moab einen schwer erträglichen Anfang der Geschichte dar. Warum?

Zu Moab bestand damals für Juden nicht nur eine Rivalität wie heute etwa zwischen Düsseldorf und Köln. Da schwang für jüdische Ohren etwas viel Ernsteres mit. „Goodbye Bethlehem", „Goodbye Juda" klang für fromme Juden wie „Goodbye Gott". Die Auswanderung von Elimelech und Noomi war aus damaliger Sicht höchst problematisch, weil „sie sich mit diesem Schritt über die Grenze außerhalb des Volksverbandes Israels stellten".[10] Elimelech verließ mit seiner Familie Gottes Land und Gottes Volk, er zog in ein Land, für das Gottes Verheißungen nicht galten. „Wer als Israelit das Land verließ, kehrte nicht nur seiner Heimat den Rücken, er verließ auch den Heilsraum, den Gott mit soviel Verheißungen umgeben hatte".[11]

Jetzt endlich betritt die Hauptperson, Rut, unauffällig die Bühne:

> Da starb Elimelech, der Mann Noomis; und sie blieb zurück mit ihren beiden Söhnen. Die nahmen sich moabitische Frauen; der Name der einen war Orpa und der Name der anderen Rut. Und sie wohnten dort etwa zehn Jahre. Da starben auch diese beiden, Machlon und Kiljon; und die Frau blieb zurück ohne ihre beiden Söhne und ohne ihren Mann. (Rut 1,3–5)

Nach drei Versen ist Noomi Witwe. Ihr Mann Elimelech stirbt. Die Todesursache – vielleicht ein Unfall oder eine Krankheit – wird nicht genannt. Sein Tod wird übrigens nicht als Strafe für die Auswanderung interpretiert, er wird lediglich ohne Wertung konstatiert.

Irgendwie muss es weitergehen. Noomi hat ja noch ihre beiden Söhne – die werden für sie sorgen. Sie lernen nette Frauen kennen: Kiljon die Orpa und Machlon die Rut. Moabitische Frauen natürlich, schließlich wohnen sie in Moab. Die Witwe Noomi feiert zwei Hochzeiten mit ihren Söhnen und deren Partnerinnen. Geht es jetzt wieder aufwärts mit ihrem Leben?

Zuerst scheint es so. Die Jahre ziehen ins Land. Die Lage stabilisiert sich. Nach zehn Jahren treffen dann aber weitere Schicksalsschläge die Familie. Erst stirbt der eine, dann der andere Sohn. Der absolute Tiefpunkt ist erreicht! Nach drei Beerdigungen ist Noomi jetzt ganz auf sich allein gestellt. Ohne Mann, ohne ihre Söhne in einem fremden Land – was soll aus ihr werden und aus den beiden moabitischen Schwiegertöchtern, Rut und Orpa? Im Privatfernsehen würde diese Tragödie vermutlich unter dem Titel „Eine wehmütige Witwen-WG" laufen. Die drei sind „zusammen allein". Der *Worst Case* ist eingetreten. Elimelech wollte mit seiner Familie den Problemen entkommen – in Moab kam sie erst recht in Schwierigkeiten.

Noomis Problematik ist folgende: Frauen waren damals auf eine männliche Bezugsperson angewiesen. Die soziale Stellung einer Frau wurde definiert durch Vater, Ehemann oder Söhne. Das Leben von Frauen war in erster Linie abgeleitetes Leben als „Frau von …" oder „Tochter von …". „Ohne männlichen Bezugspunkt in einer patriarchal strukturierten Gesellschaft übrig zu bleiben"[12], stellte Noomi vor nahezu unlösbare Probleme. In einem männerorientierten Umfeld war „die Situation einer verwitweten Frau ohne Sohn durchweg aussichtslos".[13] Andere Mitglieder der Sippe hätten nun Noomis Schutz und Versorgung übernehmen müssen.[14]

Das Problem ist nur: Sie lebt nicht in ihrer Nähe, sondern als Ausländerin in Moab, in einem fremden Land. Ihr bleibt nur ein Leben in der sozial und materiell schwachen Position als „Randexistenz".[15] Dann passiert etwas Spannendes:

Und sie [Noomi] machte sich auf, sie und ihre Schwiegertöchter, und kehrte aus dem Gebiet von Moab zurück. Denn sie hatte im Gebiet von Moab gehört, dass der HERR sein Volk heimgesucht habe, um ihnen Brot zu geben. So zog sie weg von dem Ort, wo sie gewesen war, und ihre beiden Schwiegertöchter mit ihr. (Rut 1,6.7a)

Auf einmal hört Noomi, dass es in ihrer alten Heimat Bethlehem, aus der sie mit ihrem Mann ausgewandert war, inzwischen wieder aufwärtsgeht. Die Hungersnot und die Wirtschaftskrise sind vorbei. Noomi verspürt immer stärker den Drang, nach Hause zurückzukehren. Irgendwann gibt sie ihm nach.

Vers 6 drückt es geradezu eigentümlich aus: Noomi hatte „gehört, dass der HERR sein Volk *heimgesucht* habe, um ihnen Brot zu geben". „Heimsuchung" ist ein bemerkenswertes, doppeldeutiges Stichwort im Alten Testament.[16] Es steht zunächst nur für einen Besuch (der Feiertag „Mariä Heimsuchung" erinnert zum Beispiel an die Begegnung von Maria und Elisabeth, vgl. Lukas 1,39–56), weitergehend aber auch für eine schicksalhafte, folgenreiche Begegnung. Es wird immer wieder zur Beschreibung besonderer Gottesbegegnungen benutzt.

Interessanterweise kann „Heimsuchung" dabei im biblischen Sprachgebrauch völlig entgegengesetzte Handlungen Gottes in Bezug auf Menschen beschreiben: besonderen Segen oder besondere Schwierigkeiten; besonderes göttliches Gericht oder besondere göttliche Gnade – kurz:

„Wehtun" oder „Wohltun".[17] Beide Formen der Heimsuchung haben aber etwas gemeinsam, nämlich das intendierte Ziel. In beiden Fällen steht der Wunsch Gottes dahinter, in Kontakt mit einem Menschen zu kommen, sich seine Aufmerksamkeit zu verschaffen, in seinem Leben die entscheidende Rolle zu spielen.

IMPULS FÜR HEIMATSUCHENDE

Dieser Gedanke erscheint uns heute ungewohnt, dass Gott je nach Bedarf und Ausgangssituation „Zuckerbrot und Peitsche" einsetzt, um uns für sich zu gewinnen. Vielleicht ist es aber ganz reizvoll, das einmal bezogen auf deine Lebenssituation durchzuspielen:

Möglicherweise erlebst du gerade besondere Glücksgefühle, tolle Momente, die du voll und ganz genießen kannst. Hast du schon einmal darüber nachgedacht, dass Gott damit vielleicht deine Aufmerksamkeit gewinnen will? Es kann durchaus sein, dass Gott deine Nähe sucht – dass er mit schönen Erfahrungen um dich werben will nach dem Motto: „Gefallen dir die ganzen Geschenke? Willst du den nicht näher kennenlernen, der dir das alles gönnt?" Was du hast und genießen darfst, ist weder selbst verdient noch durch Zufall bei dir gelandet – sondern dir geschenkt worden (1. Korinther 4,7).

Vielleicht musst du aber gerade auch besondere Schwierigkeiten und Schicksalsschläge aushalten. Wenn du das Gefühl nicht loswirst, dass einfach alles schiefläuft, kann es sein, dass Gott stärkere Geschütze auffahren muss, um deine Aufmerksamkeit zu bekommen und mit dir (wieder) in Kontakt zu kommen.

Noomi deutet ihre hoffnungslose Situation in Moab nach den drei Todesfällen in ihrem engsten Umfeld, nach dem Verlust ihrer Kernfamilie in negativer Weise als Heimsuchung Gottes in ihrem Leben. Dann hört sie, dass es in ihrer alten Heimat, in Juda, die sie vor Jahren aufgrund der Hungersnot verlassen hat, wieder aufwärtsgeht. Das kann – so deutet sie es – nur bedeuten, dass Gott seinem Volk (wieder) nahe ist. Gott hat sein Volk in positiver Weise „heimgesucht", um ihm Brot zu geben, um ihm wieder die Lebensgrundlage zu sichern.

Noomi kommt ins Grübeln. Sie nimmt wahr, dass Gott sein Volk segnet – und sie fühlt sich ausgeschlossen von diesem Segen, getrennt von Gottes Volk. „Erst die Fremde lehrt uns, was wir an der Heimat besitzen", sagt Theodor Fontane im Vorwort der *Wanderungen durch die Mark Brandenburg*. Anders ausgedrückt: Man kann die Heimat aus der Distanz, wenn das fehlt, wofür Heimat steht, besser wahrnehmen,[18] denn „das eigentliche Heimatgefühl ist das Heimweh".[19]

Noomi wird überdeutlich, was ihr fehlt. Sie entwickelt ein starkes Heimweh. Es zieht sie zurück nach Hause – dahin, wo sie hingehört: nach Juda, nach Bethlehem. Im Kern bedeutet das für sie: zurück zu Gott – in seine Nähe, in seinen Segensbereich. Momentan fühlt sie sich geradezu „überflüssig für diesen Gott".[20] Ihre Hoffnung ist, dass sich vielleicht etwas ändert, wenn sie sich wieder in seine unmittelbare Gegenwart begibt. Sie ahnt: Gott will sie nach Hause bringen … Sie versteht Gottes Handeln auf sich persönlich bezogen als Werben um Aufmerksamkeit. Und sie entscheidet sich tatsächlich, Konsequenzen zu ziehen, sich „heimsuchen" zu lassen, zurückzukehren, heimzukehren. Ihre Schwiegertöchter Orpa und Rut begleiten sie auf dem Rückweg – zumindest zunächst einmal.

> Als sie nun des Weges zogen, um in das Land Juda zurückzukehren, sagte Noomi zu ihren beiden Schwiegertöchtern: „Geht, kehrt um, jede in das Haus ihrer Mutter! Der HERR erweise euch Gnade, so wie ihr sie den Verstorbenen und mir erwiesen habt! Der HERR gebe es euch, dass ihr Ruhe findet, eine jede in dem Haus ihres Mannes!" Und sie küsste sie. Da erhoben sie ihre Stimme und weinten und sagten zu ihr: „Nein, sondern wir wollen mit dir zu deinem Volk zurückkehren!" (Rut 1,7b–10)

Noomi sagt ihren moabitischen Schwiegertöchtern ohne große Umschweife: „Danke, dass ihr mich ein Stück begleitet. Aber an der Grenze gleich dreht ihr bitte um!" Sie fordert Orpa und Rut auf, in ihr jeweiliges „Mutterhaus" zurückzukehren. Noomi schickt sie zurück – dahin, wo die beiden ihrer Ansicht nach hingehören: zurück in ihr jeweiliges Elternhaus.

Noomi wünscht ihnen Gottes Segen für ihr weiteres Leben. Ihre Formulierung macht unmissverständlich deutlich, dass ihre Schwiegertöchter nach einer gewissen Wartezeit wieder heiraten sollen. Noomi wünscht ihren beiden Schwiegertöchtern, dass sie in einer zweiten Ehe Ruhe finden. Dann wären die beiden wieder gut versorgt.

Das Wort „Ruhe" steht für eine sozial und rechtlich rundum gesicherte Existenz, für eine geordnete und geborgene, also in wohltuende Gemeinschaft integrierte Lebenssituation. „Ruhe" ist im Alten Testament ein sehr aufgeladener Begriff. Er steht für „das endgültige Ziel eines Lebensweges […] und hat damit den Unterton von Heimat".[21] Ruhe ist genau das, was Gott seinem Volk mit dem verheißenen Land verspricht (5. Mose 3,20; 12,9), weil sich die wandernde Gemeinschaft da endgültig niederlassen kann.

„Ruhe" bedeutet in diesem Sinne hier Sicherheit, Stabilität und Wohlergehen. Das wünscht Noomi ihren Schwiegertöchtern. Und sie macht deutlich: Sie kann Orpa und Rut all das, was sie ihnen wünscht, nicht selber bieten. Noomi lässt keinen Zweifel daran: „Ihr braucht gar nicht mit mir nach Bethlehem zu kommen. Ich kann nichts mehr tun für euch. Geht zurück in euer Elternhaus! Ich wünsche euch von Herzen ein neues Zuhause, sichere Versorgung in Form einer neuen, glücklichen Ehe mit einem anderen Mann. Hier in Moab gibt es doch viele attraktive junge Männer, mit denen ihr eine Familie gründen könnt!"

Orpa und Rut lehnen ab, sie sagen: „Wir verlassen dich nicht! Wir gehen mit dir zu deinem Volk." Und Noomi argumentiert zum zweiten Mal:

> Doch Noomi sagte: „Kehrt nur um, meine Töchter! Wozu wollt ihr mit mir gehen? Habe ich etwa noch Söhne in meinem Leib, dass sie eure Männer werden könnten? Kehrt um, meine Töchter, geht! Ich bin ja zu alt, um eines Mannes Frau zu werden.
>
> Selbst wenn ich spräche: Ich habe noch Hoffnung! – wenn ich gar diese Nacht eines Mannes Frau werden würde und sogar Söhne gebären sollte, wolltet ihr deshalb warten, bis sie groß würden? Wolltet ihr euch deshalb abgeschlos-

sen halten, ohne eines Mannes Frau zu werden? Nicht doch, meine Töchter! Denn das bittere Leid, das mir geschah, ist zu schwer für euch. Ist doch die Hand des HERRN gegen mich ausgegangen."

Da erhoben sie ihre Stimme und weinten noch mehr. Und Orpa küsste ihre Schwiegermutter, Rut aber hängte sich an sie. (Rut 1,11– 14)

Noomi will zurück nach Hause, nach Bethlehem – aber sie versucht mit allen Mitteln, ihre moabitischen Schwiegertöchter dazu zu bewegen, in Moab zu bleiben.

Im zweiten Überredungsversuch stellt sie rhetorische Fragen: „Orpa und Rut – begreift es doch, meine Söhne, eure Männer, sind tot. Nochmal: Ich kann euch nichts mehr bieten. Glaubt ihr etwa, ich finde sofort einen neuen Mann? In meinem Alter?" (Sie war wohl um die fünfzig Jahre alt und schon in der Postmenopause.) „Unwahrscheinlich. Selbst wenn, rein theoretisch: Ob ich dann überhaupt noch schwanger werde? Glaubt ihr im Ernst, ich bringe nach neun Monaten Zwillinge zur Welt, damit ihr auch beide einen Mann abbekommt? Wohl kaum. Selbst wenn das Unmögliche klappte und ich sogar zwei Jungen bekäme – ihr wollt doch nicht wirklich jahrelang darauf warten, dass die beiden in ein heiratsfähiges Alter kommen, oder?"

Noomi konstruiert eine Kette von Unwahr-scheinlichkeiten, eine Aussage ist unwahrschein-licher als die andere. Absurd! Unmöglich! Rut und Orpa werden vom Alter her ungefähr Mitte bis Ende zwanzig sein. Wenn die beiden jungen Witwen eine neue Lebensperspektive haben sollen, müsste die etwas eher kommen – sprich: *woanders* herkommen.

Ein schwerwiegendes Argument bringt Noomi noch ein: Sie fordert Orpa und Rut auf, erst einmal zurück zu ihrer Herkunftsfamilie zu gehen und sich dann in Moab ein neues Leben aufzubauen, denn (Vers 13; GNB): „Ich kann euch nicht zumuten, dass ihr das bittere Schicksal teilt, das der Herr mir bereitet hat." Noomi erweckt den Eindruck, dass Gott es bisher offensichtlich nicht gut mit ihr gemeint hat, dass er hinter der schmerzhaften Situation steckt. Sie warnt ihre Schwiegertöchter: „Ihr hängt mit drin in meinen Problemen, wenn ihr euch an mich hängt. Ich will euch da nicht weiter reinziehen. Ihr habt euer Leben noch vor euch! Es ist doch das Vernünf-tigste, wenn sich hier unsere Wege trennen."

Orpa verlässt daraufhin tatsächlich die Bühne, bleibt in Moab – und verschwindet ganz aus der Geschichte. Rut aber hängt sich trotz allem an Noomi. Sie will an der offenkundig engen und herzlichen Beziehung zu ihrer Schwiegermutter festhalten. Mehr noch: Irgendwie ist im Lauf der Zeit bei Rut eine Sehnsucht gewachsen, auch da zu sein, wo dieser Gott der Juden ist, zu dem Noomi zurückkehren will. „Rut aber hängte sich an sie", heißt es in Vers 14 – wörtlich: sie „klebte an ihr" (das gleiche Wort, das in 1. Mose 2,24 die feste Verbindung einer Ehe beschreibt!).

Seltsam, oder? Noomi wirkt so, wie sie hier agiert, doch nicht sonderlich einladend, eher ausladend: verbittert, frustriert und hoffnungslos. Was zieht Rut an? Warum fühlt sie sich trotz der Gegenargumente von Noomi eingeladen, mitzukommen, ihre ursprüngliche Heimat zu verlassen? (Man wundert sich ja fast schon, was Noomi selbst überhaupt dazu bringt, nach Bethlehem zurückzukehren, wenn sie ihren Gott so zwiespältig wahrnimmt …)

Rut lässt sich nicht täuschen von Noomis momentaner Stimmung. Sie hat ein feines Gespür dafür, dass ihre Schwiegermutter trotz ihrer ambivalenten Haltung nach einem Jahrzehnt in Moab starkes Heimweh entwickelt hat. Noomi möchte wieder zurückkehren zu ihrem Land, ihrem Volk, das sie hinter sich gelassen hat. Sie möchte wieder im Segensbereich Gottes leben (damals hatte Gott nur mit dem Volk Israel engen Kontakt). Noomis Rückkehr ist die Reaktion auf die Nachricht, dass Gott barmherzig ist, sich seinen Leuten wieder zuwendet. Noomi klammert sich an diese Hoffnung, obwohl sie vieles Negative erfahren hat.

Rut wird im Verlauf der Ehe einiges aufgeschnappt haben über den Gott Israels. Sie nimmt wahr, dass Noomi viel durchgemacht hat. Aber sie nimmt genauso wahr: Noomi fühlt sich trotzdem oder gerade deswegen angezogen von diesem Gott. Der muss ja wirklich etwas Besonderes sein! Und Rut ahnt, dass dieser Gott Noomi erwartet. Ob er vielleicht auch *sie* mit offenen Armen empfangen wird? Ob auch sie in diese Gemeinschaft mit Noomis Gott eintreten könnte? Sie ist von Noomis Heimweh angesteckt. Rut merkt: „Diese Sehnsucht spüre ich auch in mir, dieses Heimweh nach Juda – obwohl das gar nichts mit meiner Herkunft zu tun hat; dieses Heimweh nach dem Gott Israels, obwohl das gar nicht mein Gott ist." Rut fragt sich, ob sie in Moab noch am richtigen Platz ist. Sie gehört irgendwie nicht (mehr) nach Moab. Sie macht sich mit ihrer Schwiegermutter auf den Weg – um Heimat zu suchen beim Gott Israels.

„Die Heimat, von der die hebräische Bibel handelt und die auch im Buch Ruth Thema ist, ist das Land, in dem man nicht ‚immer schon' war, sondern in das man kam, kommt, kommen wird. Heimat ist Ziel nicht des Bleibens, sondern des Kommens – biblisch: des Exodus. […] Die

Moabiterin Ruth wiederholt darin, dass und wie sie Heimat findet, nicht indem sie bleibt, sondern geht, die Geschichte des Volkes, dem sie zugehören will und wird."[22]

IMPULS FÜR IM GLAUBEN BEREITS BEHEIMATETE

Christen glauben manchmal, dass sie superperfekt sein müssen, damit andere sagen: „Hey – dein Glaube ist so attraktiv! Ich *muss* den Gott, von dem du so begeistert redest, unbedingt auch näher kennenlernen! Mein Leben soll auch gelingen wie deins!"

Schau dir Noomi einmal genauer an: Sie ist in dieser ersten Szene eine zerbrochene, pessimistische, fast depressive Frau, die ein Jahrzehnt lang Abstand gehalten hat zu Gottes Volk. Und gerade sie ist offenkundig eine gute, einladende Werbeträgerin für Gott. Wie kann das sein?

Meine Vermutung: Noomi überzeugt durch ihre Sehnsucht. Sie ist vielleicht zehn Jahre zuvor falsch abgebogen, aber ihr wird langsam wieder klar, wohin sie eigentlich gehört. Es hat eine unerklärliche Anziehungskraft, eine geheimnisvolle Ausstrahlung, wenn Menschen in allen Zweifeln, in aller Instabilität und in allem „Nicht-perfekt-Sein" daran festhalten, dass Gott sie festhält.

Rut hat den Gott Israels kennengelernt, so wie heute noch die meisten Menschen Gott kennenlernen: Sie kennt einen, der ihn kennt. Dass Noomis Beziehung zu Gott gerade etwas komplizierter ist, macht nichts.

Dass sie überhaupt einen Bezug zu ihm hat, ist entscheidend. Rut spürt diesen kleinen, langsam wieder wachsenden Glaubensrest in Noomi. Noomi setzt sich ganz neu mit Gott auseinander – durchaus kritisch! Sie wendet sich bewusst wieder Gott zu. Rut spürt: Noomi hat immer noch eine Bindung an Gott. Die ist vielleicht gerade noch nicht (wieder) unendlich belastbar und tragfähig, aber auf jeden Fall echt und glaubwürdig – und ausbaufähig. Gott lässt seinen Leuten mitunter eine recht lange Leine – aber die Verbindung bricht nie ganz ab. Gott lässt Menschen, die zu ihm gehören, nicht los (vgl. Psalm 73,23).

Übertragen auf uns: Es kommt vielleicht gar nicht darauf an, dass wir als Christen permanent ein strahlendes Vorzeigeleben führen. Die Kinder wohlerzogen, die Wohnung aufgeräumt, die Unterhosen gebügelt und immer ein Halleluja auf den Lippen? Darauf kommt es nicht an. Wenn Christen perfekt erscheinen, denken Externe leicht: „Der hält sich wohl für was Besseres." Oder sie sagen sich: „Wenn man so fehlerlos sein muss, um zu Gott zu gehören, bin ich vermutlich nicht gut genug." Manchmal denken andere auch: „Ja, *diese Familie* hat Gott offensichtlich gesegnet. Ich bin ihm wohl nicht so wichtig!"

Ich kann niemandem versprechen, in meiner Gemeinde nur tolle, sympathische und perfekte Leute zu treffen. Wir haben manche Noomis in unseren Reihen, Menschen, die mit dem Leben, mit ihrem Schicksal kämpfen. Aber eins kann ich jedem Interessierten versprechen: In meiner Gemeinde sind haufenweise Menschen mit einer großen Sehnsucht nach der Begegnung mit Gott. Auch hier könnte man sagen: Noomis eben. Menschen, die sich in all ihren

Schwierigkeiten an Gott festhalten, weil sie wissen, dass er sie festhält; Menschen, die sich in ihren Fragen an Gott richten, die sich auf ihn ausrichten, bei ihm Orientierung suchen; Menschen, die sich bei Gott geborgen und geliebt wissen.

In den letzten Jahren ist mir das sehr bewusst geworden: Oft haben gerade *die* Menschen besondere Überzeugungskraft, bei denen es nicht perfekt läuft, die eben nicht die Vorzeige-Christen aus dem Weichzeichnerwerbespot sind. Menschen, die vielleicht sogar mit Gott hadern und zwischenzeitlich auf Abstand gegangen sind zu Gott und zur Gemeinde. Gerade sie werden als glaubwürdig wahrgenommen, wenn man ihnen abspürt, dass sie sich mit ihren Fragen, Sorgen, Schwächen und Problemen bewusst Gott zuwenden, sich ihm annähern wollen. Sehnsucht nach Gott ist wie Heimweh – unglaublich ansteckend.

Weiter mit Rut und Noomi: Noch einmal, zum dritten Mal, startet Noomi einen Überzeugungsversuch:

> Da sagte sie (Noomi): „Siehe, deine Schwägerin ist zu ihrem Volk und zu ihrem Gott zurückgekehrt. Kehre auch du um, deiner Schwägerin nach!"
> Aber Rut sagte: „Dringe nicht in mich, dich zu verlassen, von dir weg umzukehren! Denn wohin du gehst, dahin will auch ich gehen, und wo du bleibst, da bleibe auch ich. Dein Volk ist mein Volk, und dein Gott ist mein Gott. Wo du

stirbst, da will auch ich sterben, und dort will ich
begraben werden. So soll mir der HERR tun und
so hinzufügen – nur der Tod soll mich und dich
scheiden." (Rut 1,15–17)

Dritter Anlauf, letzter Überredungsversuch: Orpa
ist – so interpretiert Noomi deren Entscheidung –
zu ihrem Volk und ihrem Gott zurückgekehrt.
Noomi fordert Rut auf, es ihr gleichzutun: „Rut,
denk an deine eigene Zukunft! Du hast noch
alles vor dir! Du kannst nochmal heiraten. Bleib
in Moab!" Und das Kapitel steuert seinen Höhe-
punkt an. Noomi versucht, „Charakteristika von
Heimat (Volk, Land, Gott) zu thematisieren",[23]
um Rut zu verdeutlichen, wo sie hingehört – ihrer
Meinung nach nämlich da, wo sie herkommt. Hat
sie Erfolg damit?

Ich stelle mir das so vor, dass die beiden zwischenzeitlich in der Nähe der moabitisch-isra-
elitischen Grenze angekommen sind. Rut steht
vor der Entscheidung zwischen ihrem Volk und
Israel, zwischen ihrem bisherigen moabitischen
Gott und dem Gott Israels. Sie steht zwischen zwei
Identitäten[24] – wobei die kommende zunächst
nicht mehr als eine erhoffte und gewünschte ist.

Wo gehört sie wirklich hin? Für Rut ist die
Frage innerlich längst geklärt: Sie denkt gar
nicht daran, zurück zu dem moabitischen Gott
Kemosch (vgl. 4. Mose 21,29; 1. Könige 11,7.33;

Jeremia 48,7) zu gehen (übrigens eine Gottheit, der man sogar Menschenopfer darbrachte, vgl. 2. Könige 3,26f).

Rut ist nicht aufzuhalten. Sie will sich neu orientieren und ihr altes Leben komplett hinter sich lassen. Sie bleibt dabei: Auch wenn ihre Schwägerin schon in ihr altes Leben zurückgegangen ist – sie kommt mit Noomi nach Juda, nach Bethlehem. Da ist sie stur. Und sie setzt sich durch.

Rut trifft an dieser Stelle eine Entscheidung, die eine radikale Veränderung bedeutet. Sie ist bereit, einen umfassenden Neuanfang zu wagen. Ihr ist klar geworden: Ihre Heimat ist nicht Moab, wo sie *herkommt*. Ihre Heimat ist da, wo sie *hingeht*. Sie will, so fasst es Boas ein Kapitel später treffend zusammen, zum Gott Israels kommen, „um Schutz zu finden unter seinen Flügeln" (Rut 2,12; GNB).

Rut formuliert hier ein klares Bekenntnis zum Gott Israels. Die Verse 16 und 17 (ein beliebter Vers für Trauungen – dafür aber völlig aus dem Kontext gerissen) sollen ausdrücken, dass Rut sich bedingungslos mit Noomi verbindet: „Wohin du gehst, dahin will auch ich gehen, und wo du bleibst, da bleibe auch ich." Das ist mehr als Verwandtschaft, mehr als Freundschaft: Das ist Schicksalsgemeinschaft.

„Dein Volk ist mein Volk, und dein Gott ist mein Gott": Das ist nichts anderes als eine „alttestamentliche Bekehrung"[25] im Sinne von 1. Thessalonicher 1,9b („von den Götzen abgewandt und dem lebendigen und wahren Gott zugewandt"; NGÜ). Rut vertraut sich dem Gott Israels an. Sie sieht das Gottesvolk und den Glauben an den Gott Israels als neue Heimat, als Wahlheimat an! Auf den Punkt gebracht: Sie will Wahljüdin werden!

Der hebräische Text lässt übrigens offen, ob hier eine Absicht erklärt wird oder ein bereits eingetretener Zustand konstatiert wird: „das Hebr[äische] hat bei ‚dein Gott – mein Gott' kein Verb, das die Zeit andeuten würde, sodass das Wort auch rückblickend gesprochen sein könnte".[26] Rut 1,15 könnte man in der Tat auch so verstehen, dass Rut und Orpa mit der Ehe zumindest formal – sozusagen mit dem Eintrag auf der Steuerkarte – zum Gott ihrer Männer konvertiert waren. Ob Rut sich vorher in Moab bereits mehr oder weniger zum Gott Israels hielt oder sich erst jetzt endgültig dazu entschieden hat, ist letztlich unerheblich. „Das mag langsam gereift sein – hier wird es zum Bekenntnis".[27] Diese Grundentscheidung hat Folgen.

„Wo du stirbst, da will auch ich sterben, und dort will ich begraben werden": Rut meint es wirklich ernst. Sie löst sich endgültig aus der Verbindung mit ihrer Familie. Sie lässt konsequent und für immer alles hinter sich, was bisher ihr Volk, ihre Kultur, ihre Religion – kurz: ihre Heimat – war. Sogar wenn Noomi irgendwann sterben sollte, will sie in Israel bleiben (Vers 17). Rut ist bereit, ihren gesamten Lebenskontext hinter sich zu lassen, ihre bisherige moabitische Identität. Was bisher war – das kommt ihr nun fremd vor, das passt nicht mehr. Sie gehört nicht mehr nach Moab. Eine erste Entfremdung mit ihrem Volk war sicherlich zuvor schon allein wegen der Heirat mit einem Juden zu beobachten gewesen. Jetzt nimmt die Neudefinition ihrer Identität Gestalt an.

Sie ist auf dem Weg in ein ihr fremdes Land – weil sie angezogen ist von diesem Gott Noomis, vom Gott Israels. Dieses ihr weitgehend unbekannte Land soll ihr zur Heimat werden. Genauer: Rut sucht Heimat bei Gott. Das ist das, was sie erhofft.

Rut will ihren Aussagen zufolge bei Noomi bleiben, bei deren Volk, bei deren Gott. Nun kann man lange grübeln, ob diese Reihenfolge bewusst gewählt ist, sprich: ob die Bindung an Noomi an erster Stelle steht oder ob Rut bei ihrer Entscheidung in umgekehrter Reihenfolge gedacht hat,[28] also Gottes Anziehungskraft primärer

Beweggrund für ihren Aufbruch war. Vielleicht kann man von einer Steigerung der Bezugsgrößen sprechen: „vom Du (Naomi) über das Volk (Israel) bis hin zum Gott Israels".[29] Letztlich ist es überflüssig, „die verschiedenen Motive gegeneinander auszuspielen, zumal bei jeder gewichtigen Lebensentscheidung erfahrungsgemäß verschiedene Beweggründe zusammenwirken".[30] Ihre Schwiegermutter ist ihre einzige Verbindung zum Volk ihres verstorbenen Mannes und damit zu diesem Gott Israels, von dem sie sich angezogen fühlt.

IMPULS FÜR HEIMATSUCHENDE:

Vielleicht stehst du gerade an so einer Grenze wie Rut. Dann stehst du vor einer Entscheidung: Willst du zurück in die Vergangenheit, zurück zu alten Gewohnheiten? Oder gehst du mutig nach vorne in die Zukunft – zu diesem Gott? Manchmal ist es nötig, Gewohntes und Vertrautes hinter uns zu lassen, neue Wege zu wagen. Was hemmt dich, Nägel mit Köpfen zu machen?

Orpa war halb auf dem Weg, konnte sich aber nicht lösen. Rut wagt den entscheidenden Schritt.

Als sie (Noomi) nun sah, dass Rut fest darauf bestand, mit ihr zu gehen, da ließ sie ab, ihr zuzureden. So gingen die beiden, bis sie nach Bethlehem kamen. Und es geschah, als sie in Bethlehem ankamen, da geriet die ganze Stadt ihretwegen in Bewegung, und die Frauen sagten: „Ist das Noomi?" Sie aber sagte zu ihnen: „Nennt mich nicht Noomi, nennt mich Mara! Denn der Allmächtige hat mir sehr bitteres Leid zugefügt. Voll bin ich gegangen, und leer hat mich der HERR zurückkehren lassen. Warum nennt ihr mich Noomi, da der HERR gegen mich ausgesagt und der Allmächtige mir Böses getan hat?"

So kehrte Noomi zurück und mit ihr die Moabiterin Rut, ihre Schwiegertochter, die aus dem Gebiet von Moab heimgekehrt war. Sie kamen nach Bethlehem zu Beginn der Gerstenernte. (Rut 1,18–22)

Noomi ist offensichtlich erst einmal sprachlos. Sie gibt es auf, Rut zur Heimkehr überreden zu wollen. Die hat die Richtung ihres weiteren Lebensweges längst festgelegt, weitere Diskussion ist zwecklos. Rut sagt sinngemäß: „Ich *will* ja nach Hause. Aber Heimat finde ich bei deinem Gott, nicht in Moab. Du wünschst mir Ruhe? Die hat dein Gott nicht Moab, sondern Israel versprochen! Also komme ich mit dir. Basta!"

Und Rut überschreitet tatsächlich mit ihrer Schwiegermutter die Grenze zwischen Moab und Israel. Hier macht der biblische Text eine spannende Feststellung: Er ordnet mehrfach (Rut 1,22;

2,6; 4,3) Ruts Aufbruch in ein ihr fremdes Land (vgl. 2,11: sie war nie zuvor in Israel) als *Heimkehr* ein! Rut wandert aus nach Israel, sie macht sich auf den Weg in eine neue Heimat – und der Erzähler hält fest: Sie ist auf dem Heimweg?! Wie kann ein Ort, an dem man vorher nie war, Heimat sein?

Das Wort „Rückkehr" trifft genau genommen eigentlich nur auf Noomi (und Orpa, die bereits wieder zurück zu ihren moabitischen Eltern, also in die andere Richtung gezogen war) zu. Hinter der Feststellung, dass Rut sich auf den *Rückweg* macht, steckt aber keine sprachliche Ungenauigkeit oder gedankliche Unklarheit, sondern im Gegenteil eine theologische Aussage für Feinschmecker.

Für den Erzähler ist Ruts Aufbruch eine Rückkehr, weil sie zu Gott zurückkehrt. Dahinter verbirgt sich folgende Sichtweise: Aus biblischer Perspektive ist es der Normal- und Ursprungszustand, dass Gott und Mensch zusammengehören. Menschen, die nicht aus einer engen Beziehung mit Gott heraus ihr Leben gestalten, die Gott eher wie „Fremde" gegenüberstehen (Kolosser 1,21; Epheser 2,12), ruft die Bibel immer wieder auf, „zurückzukehren" zur engen und wohltuenden Bindung an ihren Schöpfer.

Die Bibel nennt es geistliche „Umkehr", wenn Menschen (wieder) „Gott suchen" (vgl. etwa 5. Mose 4,29f; 30,8; 1. Samuel 7,3; Psalm 22,28), also zum Ausgangspunkt zurückkehren wollen. Auch das Neue Testament versteht Umkehr zu Gott als Heimkehr. Immer wieder fordert Jesus Menschen auf, umzukehren (etwa Markus 1,15, auch die Geschichte vom verlorenen Sohn thematisiert in Lukas 15,11–32 genau in diesem Sinne die Rückkehr zum Vater). Nicht zuletzt die Apostel greifen diese Formulierung ebenfalls gerne auf (Apostelgeschichte 2,38; 3,19 oder 1. Petrus 2,25).

Das ist das Kernthema, das sich wie ein roter Faden durch die Bibel zieht: Der Mensch ist angelegt auf die Gemeinschaft mit Gott. Und ohne die Beziehung zu Gott dominiert in Menschen Unzufriedenheit, Unsicherheit und Unklarheit. Die Bibel sieht uns Menschen, solange wir nicht umgekehrt sind, weit entfernt von Gott. Das ist das Grundproblem – mit entsprechenden Folgewirkungen auf uns selber und auf das Zusammenleben mit anderen.

Wenn das Leben eines Menschen bislang in die falsche Richtung weist, besteht die Lösung in einer allumfassenden Neuausrichtung, also eben darin, „umzukehren". Die Bibel lädt Menschen, die Heimweh verspüren, ein, sich auf den „Rückweg" zu machen, auf den Heimweg. Sie sind eingeladen, zurück zum Vater nach Hause zu kommen, in die Gemeinschaft, auf die der Mensch ursprünglich hin angelegt ist und die durch seine Fehler, Schuld und Dickköpfigkeit zerstört worden ist.

Rut weiß, wo sie Sicherheit, Vertrautheit, Geborgenheit und Stabilität finden kann: bei Gott. Zu ihm kehrt sie zurück. Der weitere Verlauf der Geschichte bestätigt ihre Sichtweise: Gott suchen heißt Heimat zu finden.

IMPULS FÜR HEIMATSUCHENDE

Wenn Heimatsuche zur Gottsuche wird, adressieren Menschen ihre zunächst vielleicht noch recht vage spirituelle Sehnsucht richtig. Mit jeder Bewegung zu Gott hin kommen sie ihrem Ziel einen Schritt näher. Menschen sind und bleiben heimatlos, bis sie bei Gott Heimat finden. Deswegen rücken Gemeinden diese Kernbotschaft ganz nach vorne: „Wenn du den Kontakt mit Gott verloren hast oder noch nie wirklich kanntest, mach dich auf den Rückweg zum Vater. Komm zurück nach Hause!" Nach Hause zu kommen – was ist damit gemeint? Sich einer Gemeinde oder Gemeinschaft anzuschließen und in ihr ein Zuhause zu finden?

Ja und nein. Wenn Menschen sich in einer Gemeinde wohl und zu Hause fühlen, ist das gut, aber noch nicht das Entscheidende. Auf das persönliche Verhältnis eines Menschen zu Gott kommt es an. Und das wird nicht über eine formale Zugehörigkeit zu einer Gemeinde definiert und geklärt – es wird sich aber in aller Regel sehr wohl *auch* in der Zugehörigkeit zu einer Glaubensgemeinschaft ausdrücken. Die Gemeinde ist nicht das Ziel der Reise, sondern eher die Reisegruppe, die gemeinsam unterwegs ist – die gemeinsam auf dem Heimweg ist.

Wirklich zu Hause sind gläubige Menschen erst im Vaterhaus. Wir sind verankert in einer „Heimat, die vorn liegt"[31] – in der zukünftigen, endgültigen „himmlischen Heimat". Menschen, die sich an Jesus gebunden haben, sind auf dem Weg in eine Heimat, in der sie nie waren – und die doch ihr Zuhause ist, weil der gemeinsame Vater dort wohnt und Jesus dort Wohnungen für seine verzweigte Familie vorbereitet (Johannes 14,2). Nicht ohne Grund umschreiben viele Gläubige das Sterben mit dem Wort „heimgehen" – treffenderweise: Christen gehen zu ihrem Vater im Himmel. Heimat ist für Christen eben nicht an einen Ort, sondern an eine Person gebunden: Gott, unseren Vater. Die himmlische Heimat ist die wahre Heimat aller Christen, weil sie da nicht fremd sind, sondern erwartet werden.

Vor wenigen Jahren lernte ich einen Christen aus Süddeutschland kennen, der HIV-positiv und unheilbar krebskrank ist. Kürzlich wurde er gefragt, ob er denn überhaupt keine Angst vor dem Tod hätte. Seine Gegenfrage: „Haben Sie Angst, wenn Sie heimgehen?" Er hat recht: Wenn Christen sterben, kommen sie endgültig nach Hause, sie werden also „in etwas Vertrautes hineinsterben".[32]

Die biblische Perspektive könnte man so zusammen-
fassen: Heimat beschreibt Zukunft, nicht Herkunft.
Heimat ist nicht rückwärts-, sondern vorwärtsge-
wandt. „Heimat gibt's nicht hinten. Heimat gibt's nur
vorne."[33]

Christen sind entsprechend die, „die auf dem Weg
sind" (so Apostelgeschichte 9,2 wörtlich). Dieser Weg
zu Gott ist im Neuen Testament klar definiert: Jesus
Christus selbst ist der Weg, er ist der einzige Zugang
zum Vater (Johannes 14,6). Die feste Anbindung
an eine Gemeinde oder Gemeinschaft ist also wertvoll und wichtig, aber wirklich entscheidend ist die
Umkehr zu Gott und die feste Bindung an Jesus Christus. Nur in ihm bietet Gott den Menschen die Verge-
bung ihrer Schuld an, die sie im Glauben annehmen
können – damit nichts mehr zwischen ihnen und Gott
steht. Nur in Verbindung mit Jesus kann eine Neuausrichtung des Lebens gelingen. Nur über ihn werden
Menschen Teil der weltumspannenden Weggemeinschaft der Gläubigen. Damit ist nicht nur die endgültige Heimat, sondern auch der Weg dahin an Gott
gebunden. Nur mit ihm werden sie das Ziel erreichen.

Bis dahin sind und bleiben Christen ein Leben lang
auf der Durchreise, auf dem Heimweg. Der Autor des
Hebräerbriefs drückt es folgendermaßen aus (Hebräer 13,14; NGÜ): „hier auf der Erde gibt es keinen
Ort, der wirklich unsere Heimat wäre und wo wir für
immer bleiben könnten. Unsere ganze Sehnsucht gilt
jener zukünftigen Stadt, zu der wir unterwegs sind."
Die Heimat gläubiger Christen ist im Himmel – dort
haben sie „Bürgerrecht" (Philipper 3,20). Entsprechend sind und bleiben Christen hier in der Welt dauerhaft „Gäste und Fremde" (1. Petrus 2,11; NGÜ).[34]

Sie sind *in* der Welt, aber nicht *von* der Welt (Johannes 17,11–16).

Unsere Sehnsucht nach Heimat wird daher hier nie vollständig eingelöst. Wir sind hier nie ganz und vollständig zu Hause. Wir finden hier nicht die letzte, endgültige Heimat. Aber dennoch empfinden wir im gemeinsamen Unterwegssein immer wieder heimatliche Gefühle. Kirchen und Gemeinden können einen kleinen Vorgeschmack auf unsere wirkliche Heimat bieten. Das heißt noch lange nicht, dass wir dann am Ziel angekommen sind – ist aber auch nicht zu unterschätzen. Denn „trotz der verheißenen ewigen Heimat brauchen auch wir Christen noch eine hiesige",[35] eine vorläufige.

IMPULS FÜR IM GLAUBEN
BEREITS BEHEIMATETE

Der Glaube bietet uns und anderen ein wohltuendes Zuhause, wenn die himmlische Heimat, die wir noch nicht erreicht haben, schon jetzt in unsere irdische hineinscheint. Wir erleben hier auf der Erde bereits himmlische Momente, wir verspüren hier schon Heimatgefühle, wenn das gemeinsame Ziel schon die Weggemeinschaft prägt.

Ein Raum der Geborgenheit und Ruhe in dieser sich so schnell verändernden Welt, intakte Beziehungen, Gastfreundschaft: Situationen und Kontexte, in denen auf dem Weg die endgültige Heimat ein wenig durchscheint, sind wie ein Vorgeschmack auf die bleibende Heimat. Dann strahlt die zukünftige, ewige

Heimat bereits andeutungsweise in die Gegenwart hinein.

Wir fühlen uns zu Hause, wo spürbar ist, was wirkliche Heimat ausmacht: Gottes Nähe, seine Gegenwart. Er erwartet uns – und begleitet uns gleichzeitig auf dem Weg (Matthäus 18,20; 28,20). Wir sind noch nicht bei ihm – aber er ist schon bei uns, unter uns und in uns.

Ja: Christen sind die, die noch nicht angekommen sind. Ja: Eine Gottesdienstgemeinschaft ist nicht mehr und nicht weniger als eine Rast auf dem Weg nach Hause, eine gemeinsame Station. Eine Gemeinde ist eine Weggemeinschaft. Wer in einer Gemeinde heimisch wird, wird heimisch in einer Gruppe, deren Mitglieder immer ein wenig fremd bleiben werden auf der Erde. In einer Gemeinde finden sich Menschen zusammen, die gemeinsam auf dem Weg sind, weil sie ein gemeinsames Ziel verbindet: Sie sind auf dem Nachhauseweg.

Aber untereinander und im Umgang mit Außenstehenden wird hoffentlich schon etwas sichtbar von der Heimat, zu der sie unterwegs sind. Wo das gelingt, ist christliche Gemeinschaft zwangsläufig attraktiv und einladend – denn das, was sie dann vermittelt, trifft die Sehnsüchte der Menschen und verweist auf etwas, das größer ist als die Summe der in ihr versammelten Menschen. Aus der Begegnung mit Gott entsteht die besondere Anziehungskraft einer lebendigen Gemeinde.

Diese „Verflochtenheit von Heimat und Heimatlosigkeit"[36] prägt das Leben gläubiger Christen. In diesem Sinne ist irdische Heimat, wo sie gelingt, etwa in einer Familie, geistlichen Gemeinschaft oder Gemeinde, das „Haus meiner Pilgerschaft". So übersetzte die Einheitsübersetzung bis zur Revision 2016 allzu frei Psalm 119,54 (und fast schiebt sich das Bild eines Wohnmobils vor das innere Auge des Lesers...). „Haus meiner Pilgerschaft": Das ist eine paradoxe, aber den Sachverhalt gut widerspiegelnde Formulierung: *„Schon* Haus und *noch* Weg"[37] – eine treffende Beschreibung für die Weggemeinschaft von Christen.

Zurück zur Geschichte: Rut kommt also mit über die moabitisch-israelitische Grenze. Vielleicht ist das Noomi, die selber noch nicht weiß, wie das alles weitergehen soll, sogar gar nicht einmal so unrecht, wie sie vordergründig tut. Als die beiden in Bethlehem ankommen – vielleicht steht das alte Haus noch? –, merkt man: Noomi hat beinahe aufgegeben. Sie hat keine große Hoffnung mehr.

Die alten Nachbarn schauen vermutlich erst einmal verstohlen aus den Fenstern und kommen dann nach und nach mit offenem Mund heraus: „Ist das nicht Noomi?" – „Noomi? Bist du das?" – „Ich hätte dich ja kaum wiedererkannt!" Was die Menschen bewegt, „die Tatsache, *dass* sie zurückgekommen ist, oder *wie* sie zurückgekommen ist",[38] bleibt unklar. Vielleicht haben die alten Nachbarn und Bekannten immer noch das Bild der vierköpfigen Familie vor Augen. Und sie flüstern: „Die ist aber alt geworden ..." (als ob sie nicht selber in der Zwischenzeit ebenfalls zehn Jahre älter geworden wären! – oder ob ihr Schicksal Noomi wirklich früher hat altern lassen?).

Noomi ergreift das Wort und verleiht ihren Gefühlen Ausdruck: „Bitte nennt mich nicht mehr Noomi (= die Liebliche), das ist vorbei, das passt nicht mehr, das bin ich nicht mehr! Das spiegelt nicht mehr wider, was mich ausmacht! Das Gegenteil ist richtig. Eigentlich müsste ich mich umbenennen und jetzt Mara heißen (= die Bittere)!" Die ganze Last bricht aus ihr heraus. Und sie klagt: „Der Allmächtige hat mir sehr bitteres Leid zugefügt."

Noomi ist wieder zurück zu Hause. Aber in ihrem Kopf kreisen viele Fragezeichen. Gott ist ihr ein Stück weit fremd geworden. Sie versteht sein Handeln nicht und macht ihm Vorwürfe. Es zeigt sich eine schwarzweiße Sicht bei Noomi (Vers 21): „Voll bin ich gegangen, und leer hat mich der HERR zurückkehren lassen". Das ist eine sehr pessimistische Bewertung ihrer Situation, die sie nur als negativ wahrnimmt. Das verklärt die Vergangenheit auch ein wenig, immerhin ist sie wegen einer Hungersnot gegangen, also eher mit leeren Händen und leerem Magen.

Aber es stimmt natürlich: Sie hat seit der Auswanderung drei geliebte Menschen verloren. Kein

Wunder, dass sie sich innerlich leer und ohne Hoffnung fühlt. Dass Rut neben ihr steht, nimmt sie in diesem Moment vermutlich gar nicht wahr. Ihre Anwesenheit wird, so scheint es, auch von den Nachbarn und Bekannten ignoriert – fragt niemand nach, wen sie da mitgebracht hat? Erst der Erzähler ruft sie im letzten Vers elegant wieder in Erinnerung: „So kehrte Noomi zurück und mit ihr die Moabiterin Rut, ihre Schwiegertochter, die aus dem Gebiet von Moab heimgekehrt war."

Wie gut, dass Rut mitgekommen ist. Noomi hat einen gewissen Tunnelblick entwickelt. Rut dagegen sieht das Licht am Ende des Tunnels; sie hat größere Zusammenhänge im Blick. Sie gibt im weiteren Verlauf des Buches Noomis Geschichte einen anderen Dreh, sie führt eine unerwartete Wendung herbei. Noomi ist geradezu hoffnungslos, aber Rut voller Hoffnung. Was Rut tut, wie sie mit ihrem frischen Blick als Neuling, als eingewanderte Ausländerin die Dinge sieht, verändert Noomis Wahrnehmung und Lebenseinstellung im weiteren Verlauf der Geschichte.

Die erste kleine Andeutung, dass sich die Dinge weiterentwickeln, findet sich schon hier am Schluss des ersten Kapitels: Die unscheinbare Seitenbemerkung „sie kamen nach Bethlehem zu Beginn der Gerstenernte" (also etwa im März/ April) eröffnet bereits einen neuen Horizont.

Mit dem Stichwort „Ernte" ist schon angedeutet, dass es aufwärtsgeht – Rut 1,6 hat ja bereits klargestellt, dass nach längerer Hungersnot die Versorgung mit lebenswichtigen Grundnahrungsmitteln keine Selbstverständlichkeit ist, sondern als Gottes Zuwendung zu verstehen ist. Das folgende Kapitel zeigt daran anknüpfend: Wenn Menschen Gott suchen, zu ihm zurückkehren, hat das Folgen.

Nähert euch Gott, und er wird sich euch nähern.
(Jakobus 4,8; GNB)

PERSÖNLICH EINGELADEN

Das Handeln Gottes ist immer als Antwort auf
die Antworten der Menschen zu verstehen.
Karl Rahner[39]

Immer wieder suchen Menschen Heimat bei Gott und im Glauben. Die Frage ist: Finden sie denn auch alle, was sie suchen? Wenn sie sich für den Glauben interessieren, begeistert Gottesdienste besuchen, das Neue Testament durcharbeiten – das müsste Gott doch eigentlich prompt honorieren, oder?

Tatsächlich erleben viele, die sich entscheiden, auf Gott zuzugehen, und mit großen Erwartungen und Hoffnungen starten, irgendwann eine große Enttäuschung.

Mir sagte letztes Jahr ein Bekannter: „Ich habe ja versucht, in der Bibel zu lesen. Aber ich habe vieles nicht verstanden – und irgendwann aufgegeben. Das ist mir zu anstrengend." Andere machen ähnliche Erfahrungen: „Ich habe mich sogar zum Glaubensgrundkurs angemeldet – aber das wurde mir dann irgendwann zu persönlich." Oder: „Ich habe mich sogar taufen lassen – das war ziemlich aufregend. Danach ist irgendwie alles eingeschlafen." Eine erst kürzlich in meine Stadt gewechselte Frau meinte neulich: „Ich war doch im letzten Jahr sogar fünf Mal im Gottesdienst, das war ja manchmal auch ganz nett. Aber die gedanklichen Impulse gehen immer so schnell wieder unter."

Das zweite Kapitel der Rut-Geschichte erzählt eine ähnliche Ausgangslage: Rut hat eine Entscheidung getroffen, sich dem Gott Israels anzuvertrauen. Rut meint es ernst: Sie lässt ihre Heimat Moab hinter sich und geht mit ihrer Schwiegermutter Noomi nach Juda – weil sie Gottes Nähe sucht. Sie sucht ernsthaft Kontakt zu ihm. Das ist eine eindeutige Umkehr zu Gott, sozusagen eine alttestamentliche Bekehrung.

Rut kommt also mit großen Hoffnungen nach Juda. Sie will Teil der engen Gemeinschaft sein, die Gott mit seinem Volk Israel pflegt. Ihr klares Statement in Richtung Noomi ließ keinen Zweifel daran: „Dein Volk ist mein Volk, und dein Gott ist mein Gott." Ein starker Anfang!

Und jetzt? Findet Rut denn auch diese neue Heimat bei Gott, die sie sucht? Wie zeigt sich Gott denn jetzt? Schenkt er Rut seine Nähe – und wenn ja, wie? Greift Gott ein, ändert er ihre Lage?

Wie wirkt sich ihr Übertritt in ein neues Volk aus – nimmt Gottes Volk sie als Fremde überhaupt auf? Wird sie nur geduldet oder doch auch eingegliedert?

Ruts Entscheidung ist klar, ihre Bereitschaft allein reicht jedoch nicht aus – sie muss als Wahl-Israelitin von den Einheimischen auch akzeptiert werden. Eine entsprechende formale Übertrittsprozedur existiert nicht. Zur Zeit der Richter gab es keine zentrale Regierung, keine übergeordnete gerichtliche oder religiöse Instanz, die darüber hätte entscheiden und einen solchen Übertritt in das Volk Gottes beglaubigen können.[40]

Die Akzeptanz von Ruts Übertritt und ihre Dazugehörigkeit zum Gottesvolk würde also dezentral entschieden werden in den persönlichen Begegnungen mit den Einheimischen. Wie würde sie als Ausländerin in Bethlehem aufgenommen werden? Schon die Akzeptanz ihres Wechselwunsches durch Noomi fiel eher zurückhaltend, geradezu enttäuschend aus: Die versuchte doch tatsächlich, sie zum Bleiben in Moab zu überreden! Und ihre gemeinsame Heimkehr nach Israel hinterließ bei Noomi das Gefühl der „Leere" (1,21) – zählte Rut nicht einmal als vollwertiges Familienmitglied? Wie sollte sie dann erst als Wahl-Israelitin Anerkennung finden?

Nur zur Erinnerung: Die Ausgangssituation von Rut sieht wenig rosig aus. Rut ist Witwe und kinderlos – und damit in der damaligen Zeit mittellos. Versorgung in Notsituationen ist Familiensache – und eine Familie hat sie nach ihrem Wegzug nicht mehr in greifbarer Nähe. Rut ist also in keiner Weise abgesichert. Ihr bleibt nur ihre Schwiegermutter Noomi, die aber ebenfalls verwitwet und kinderlos ist. Damit ist Rut in der damaligen männerorientierten Welt auf sich gestellt. Offen ist schon die ganz alltägliche Frage, woher Rut und Noomi etwas zu essen bekommen sollen.

Das zweite Kapitel setzt genau bei diesem ganz profanen Problem an. Es schildert einen Tag im Leben von Rut. Einen sehr entscheidenden Tag, der viel verändert.

> Und Noomi hatte einen Verwandten von ihrem Mann her, einen angesehenen Mann, aus der Sippe Elimelechs; dessen Name war Boas.
> Und Rut, die Moabiterin, sagte zu Noomi: „Ich möchte gern aufs Feld gehen und etwas von den Ähren mit auflesen hinter dem her, in dessen Augen ich Gunst finden werde." Sie sagte zu ihr: „Geh hin, meine Tochter!" Da ging sie hin, kam und las auf dem Feld hinter den Schnittern her auf. Und sie traf zufällig das Feldstück des Boas, der aus der Sippe Elimelechs war. (Rut 2,1–3)

Der erste Vers des zweiten Kapitels führt ganz nebenbei und ohne weitere Erläuterungen einen entfernten Verwandten von Noomi ein: Boas, einen wohlhabenden Grundbesitzer – er wird später noch eine bedeutende Rolle spielen. Erst einmal steht Rut, die Hauptfigur des Buches, im Fokus. Sie wird noch einmal ausdrücklich als Moabiterin gekennzeichnet. Hier in Bethlehem, in Juda, ist sie eine Fremde. Die Integration steht noch aus.

Rut wartet aber nicht ab, was wohl als Nächstes so passiert. Sie ergreift beherzt die Initiative, zeigt sich aktiv: „Ich will Ähren sammeln!" Das erste Kapitel endete ja mit dem Hinweis, dass Noomi und Rut „zu Beginn der Gerstenernte", also im März oder April, nach Bethlehem kamen. Rut will nun auf einem Feld mit dem Einverständnis des Besitzers liegen gebliebene Ähren sammeln. Sie fügt sich offenkundig hier im fremden Juda schnell ein, jedenfalls schneller als ihre Schwiegermutter – die doch hier eigentlich herstammt und sich sofort wieder heimisch fühlen müsste …

Liegen gebliebene Ähren aufsammeln war das Recht der Armen. So konnten sie ihr Existenzminimum sichern. Die damals in Israel geltende Regelung kann getrost als Vorläufer von Ludwig Erhards sozialer Marktwirtschaft angesehen werden, sozusagen als „soziale Landwirtschaft".

Das entsprechende Gesetz sollte Unterprivile-
gierte schützen und eine Mindestversorgung für
die sozial Schwachen sicherstellen, wenigstens
in der Erntezeit. Gott selbst hatte seinem Volk
befohlen (vgl. 3. Mose 19,9f; 23,22; 5. Mose 24,19–
22): „Wenn bei der Ernte etwas runterfällt – lasst
es liegen. Lasst bewusst am Rand etwas stehen,
für die Armen, für die Fremden, für die Unver-
sorgten!" Rut hatte als Arme, Witwe und Fremde
also quasi ein dreifaches Recht, diese Klausel in
Anspruch zu nehmen![41]

Liegen gebliebene Ähren sammeln, das
ersparte Betroffenen das Betteln und ermöglichte
ihnen in gewisser Weise Selbsthilfe,[42] war aber
auch demütigend. Man könnte es heute etwa mit
dem Sammeln von Pfandflaschen in der Innen-
stadt vergleichen.

Und es wird seinen Grund gehabt haben, dass
Gott im Verlauf des Alten Testaments immer
wieder eine klare Ansage an sein Volk machte
nach dem Motto: „Nur dass ihr es wisst: Ich
stehe immer auf der Seite der Benachteiligten
und Schwachen!" (vgl. etwa 2. Mose 22,20–26;
5. Mose 10,18f). Gott klingt in diesen Passagen
sozial noch engagierter als die SPD in ihren besten
Zeiten … Arme Ährensammler wurden als unge-
betene Gäste üblicherweise „höchstens geduldet,
nicht aber willkommen geheißen".[43] Offenkundig

setzten nicht alle Feldbesitzer das Gebot Gottes tatsächlich so wie vorgegeben um. Das Recht der Nachlese war in der Praxis dann wohl doch keine Selbstverständlichkeit – manchen war es einfach lästig, wenn Bedürftige ihre Kreise störten. Manche Feldbesitzer waren abweisend, manche freundlich.

Rut betont hoffnungsvoll: „Ich finde schon jemand, der freundlich zu mir ist und es mir erlaubt" (Rut 2,2; GNB). Rut hofft auf jemanden, der ihr wohlgesonnen ist. Und tatsächlich: es gelingt.

Sie geht raus aus der Stadt, kommt zu irgendeinem Gerstenfeld. Vers 3b sagt ganz lapidar, dass Rut „zufällig" auf Boas' Feldstück gelandet ist – der uns Lesern schon in Vers 1 wie nebenbei eingeführt wurde. Auf dem Feld trifft sie zunächst aber nicht den Besitzer, sondern nur Erntehelfer an, Schnitter. Die Arbeiter packen sich im Akkord Getreidebündel, schneiden sie mit der Sichel ab, sammeln sie. Rut fragt vorsichtig, ob sie ein paar liegen gebliebene Ähren aufsammeln darf – und erhält, wie die folgenden Verse zeigen, vom Vorarbeiter tatsächlich die Erlaubnis: „Mach mal, ist schon okay. Unser Boss Boas hat meist nichts dagegen. Schau, was du noch findest!"

Rut legt sofort los, sie geht hinter den Schnittern her. Sie hebt auf, was die Erntehelfer übersehen haben. Die Arbeiter haben vermutlich aus den vergangenen Jahren noch im Kopf, was eine Hungersnot bedeutet – kaum vorstellbar, dass sie nachlässig arbeiten und viel liegen lassen. Ab und zu sieht Rut ein paar Ähren, dann bückt sie sich, hebt sie auf, sammelt sie. Das geht auf den Rücken. Die Sonne brennt. Jetzt kommt Boas ins Spiel.

> Und siehe, Boas kam von Bethlehem und sagte zu den Schnittern: „Der HERR sei mit euch!" Und sie sagten zu ihm: „Der HERR segne dich!" Und Boas sagte zu seinem Knecht, der über die Schnitter eingesetzt war: „Wem gehört dieses Mädchen da?" Und der Knecht, der über die Schnitter eingesetzt war, antwortete und sagte: „Es ist ein moabitisches Mädchen, das mit Noomi aus dem Gebiet von Moab zurückgekehrt ist. Sie hat gesagt: ‚Ich möchte gern mit auflesen und hinter den Schnittern her etwas von den Ähren aufsammeln.' So ist sie gekommen und dageblieben. Vom Morgen an bis jetzt hat sie sich im Haus nur wenig ausgeruht."
> (Rut 2,4–7)

Der Feldbesitzer Boas schaut nach seinem Gerstenfeld und inspiziert den Stand der Ernte. Er grüßt seine Arbeiter auf dem Kontrollgang mit „Der Herr sei mit euch!" (und viele Leser setzen die Antwort vermutlich gedanklich automatisch fort: „und mit deinem Geiste"…). Tatsächlich tönt es genauso feierlich zurück:[44] „Der HERR segne dich!"

Auch wenn ein schlichtes „Schalom" als Gruß ausgereicht hätte: Das war damals in Juda kein völlig ungewöhnlicher Gruß. Fromme Juden sagten eben nicht nur die Tageszeit an wie bei uns heutzutage („Guten Morgen", „Guten Abend"), die Begrüßungsformeln enthielten oft ganz selbstverständlich einen Gottesbezug. Inwieweit dieser Bezug dann auch innerlich mit Bedeutung gefüllt war, bleibt natürlich offen (dieses Schicksal teilt heutzutage auch die im oberdeutschen Sprachraum weit verbreitete Formel „Grüß Gott"…). „Die Grußformeln sind konventionell und sollten nicht als Zeichen einer besonders frommen Haltung bewertet werden",[45] aber man geht sicher nicht zu weit, wenn man Boas zumindest das Bemühen um ein gutes Betriebsklima attestiert.

Boas bemerkt bei seinem Rundgang gleich das ihm unbekannte Gesicht, eben Rut. Er fragt den Vorarbeiter, zu wem sie gehört. Er will mehr über ihre Beziehungen und ihre Herkunft erfahren.[46] Das Interesse an der Zugehörigkeit einer Person ist in einer sippenmäßig strukturierten Gesellschaft nicht ungewöhnlich. Die Frage, zu wem jemand gehört, hat eine hohe Bedeutung, wenn man eine kollektive Sichtweise gewohnt ist, die Gemeinschaft also bedeutsamer ist als das einzelne Individuum (vgl. 1. Mose 32,18; 1. Samuel 30,13).[47]

Oder steckt doch mehr dahinter? Boas erkundigt sich nach Ruts Zugehörigkeit, also nebenbei auch nach ihrem aktuellen Beziehungsstatus – natürlich nur rein interessehalber …

Er hört von seinem Vorarbeiter: Die junge Frau, die ihm sofort aufgefallen ist, ist das moabitische Mädchen (merkwürdige Bezeichnung für eine 25- bis 30-jährige Witwe!), „das mit Noomi aus dem Gebiet von Moab zurückgekehrt ist" (2,6). Diese Antwort lässt erkennen, dass Ruts Identität in der israelitischen Volksgemeinschaft ausschließlich über ihre Schwiegermutter definiert wurde.[48]

Von Noomis Geschichte hat Boas schon gehört, er hat mitbekommen, dass die beiden Frauen Dorfgespräch sind. (Bethlehem ist zwar nach damaliger Einschätzung eine Stadt, nach heutigen Maßstäben aber eher ein kleines Dorf.) So etwas spricht sich schnell herum (vgl. Rut 1,19)! Nur persönlich getroffen und kennengelernt hat er sie bisher wohl nicht.

„Das ist sie also!", denkt Boas. Auf seinem Feld! Und Boas hört von seinem Vorarbeiter: Rut verhält sich anders als manche anderen, die ernten oder Nachlese betreiben, sie ist besonders fleißig, engagiert und bescheiden. „Seit dem frühen Morgen ist sie auf den Beinen, jetzt hat sie zum ersten Mal eine Pause gemacht und sich in den Schatten gesetzt" (2,7; GNB). (Man baute als schattigen Pausenplatz gerne Schutzhütten auf dem Feld, vgl. Jesaja 1,8.)

Rut merkt vielleicht, dass Boas sie aufmerksam beobachtet und vielleicht sogar mustert. Was sie wohl denkt? „Wohl der Chef, oha. Jetzt bloß nicht negativ auffallen." Vielleicht wird sie nervös – ob der reiche Typ jetzt Ärger macht? Eigentlich sieht er ja ganz nett aus, der Mann mit den leicht grauen Haaren.

Boas jedenfalls ist offenkundig richtig beeindruckt von dem, was er hört über Rut – und ich wette, er ist insgeheim genauso beeindruckt von dem, was er sieht. Ob sich da was anbahnt zwischen Boas und Rut? Er spricht sie direkt an:

Und Boas sagte zu Rut: „Höre mir zu, meine Tochter! Geh nicht zum Auflesen auf ein anderes Feld, geh auch nicht von hier fort, sondern halte dich da zu meinen Mägden! Richte deine Augen auf das Feld, wo man schneidet, und geh hinter den Sammlerinnen her! Habe ich nicht den Knechten befohlen, dich nicht anzutasten? Und hast du Durst, dann geh zu den Gefäßen und trink von dem, was die Knechte schöpfen." (Rut 2,8.9)

„Hör mal, meine Tochter": Da wird ganz dezent ein gewisser Altersunterschied angedeutet. Boas stammt wohl eher aus der Generation von Ruts Schwiegermutter. Mit dem Wort „Tochter" nimmt er sie ganz nebenbei aber auch gewissermaßen in seine Familie auf. „Boas stellte damit klar, dass er die Ausländerin Rut als Teil seiner Verwandtschaft und damit als vollgültige Israelitin anerkannte."[49]

Er sendet Rut eine ganz klare Botschaft: „Du bist willkommen hier!" Er zeigt auf die im Schatten gelagerten Tonkrüge: „Und wenn du Durst hast: Getränke stehen bereit. Bediene dich!" Damit stellt Boas Rut seinen Angestellten gleich – „Obwohl Rut für sich selber erntet, behandelt Boas sie so, als ob sie für ihn arbeiten würde."[50]

Interessant, dass Boas sie auffordert, nicht auf ein anderes Feld zu gehen. Boas ist es erkennbar wichtig, dass Rut bei ihm bleibt. Er stellt klar: „Hier bist du unter meinem Schutz; hier belästigt dich keiner!" Er hat mit einer klaren Ansage dafür gesorgt, dass Rut auf seinem Feld unbelästigt sammeln kann. „Dass eine solche Ermahnung überhaupt nötig war, macht noch einmal deutlich, wie gefährlich das Leben für eine allein stehende Frau zur Zeit der Richter war".[51] Manchmal wurden Männer aufdringlich, schikanierten Benachteiligte, belästigten sie (vgl. bereits 5. Mose 22,25–27, wo die Gefahr einer Vergewaltigung auf dem Feld thematisiert wird). Rut ist verletzlich und gefährdet als Frau.

Man darf ja nicht vergessen: Bislang kennt Rut in Israel keinen außer ihrer Schwiegermutter Noomi. Sie ist zwar nicht völlig rechtlos – aber faktisch weitgehend schutzlos, weil eben doch nicht alle so nett zu Fremden sind, wie sie es sein sollten. „Die ist doch nicht von hier" – bei einer Außenseiterin sinkt erfahrungsgemäß leider leicht die Hemmschwelle für verbale Anmache und sexuelle Belästigung. „Oft wurden solche Frauen wie ‚Freiwild' betrachtet und behandelt, weil es ja keine Männer gab, die sie hätten beschützen können."[52]

Rut ist ganz perplex – damit hat sie nicht gerechnet: Boas tut alles, „damit sich Rut in ihrer neuen Heimat willkommen fühlt. […] Allerdings bindet er sie nicht an sich. […] Er sorgt bloß dafür, dass dort, wo sie Ähren liest, auch wirklich welche liegen …"[53] Er schafft keine Abhängigkeiten. „Er überhäuft sie nicht mit seinen Gaben. Er verschafft ihr lediglich Bedingungen, die einen Ertrag ermöglichen."[54] Rut muss sich schon selber anstrengen, wenn sie etwas zu beißen haben will. Aber Boas sorgt für unterstützende Rahmenbedingungen.

Man kann übrigens vermuten, dass Boas besonders sensibel beim Thema „Fremde" ist, weil es Teil seiner eigenen Familiengeschichte ist. Nach Matthäus 1,5 hat Boas in der Prostituierten Rahab aus Jericho (vgl. Josua 2) ebenfalls eine Nichtjüdin zur Vorfahrin. Boas' eigene Erfahrung zeigt, wie „eine Fremde Aufnahme im Volk der Verheißung findet".[55] Vielleicht spricht er Rut auch deswegen so hilfsbereit an.

Boas lässt Rut weiterarbeiten und signalisiert ihr unmissverständlich, dass sie ihm wichtig ist und dass er ihr einen Schutzraum bietet – nicht mehr und nicht weniger. Aber das ist Rut schon sehr viel wert. Sie denkt vermutlich: „Boas will, dass ich unbedingt auf seinem Feld bleibe? Nichts lieber als das! Andere Felder haben vielleicht auch Gerste, aber bestimmt nicht einen so sympathischen Feldbesitzer..." Rut ist aber gleichzeitig auch etwas irritiert, es fällt ihr nicht leicht, ihre Eindrücke sofort zu sortieren.

> Da fiel sie (Rut) auf ihr Angesicht und warf sich zur Erde nieder und sagte zu ihm (Boas): „Warum habe ich Gunst gefunden in deinen Augen, dass du mich beachtest, wo ich doch eine Fremde bin?"
>
> Da antwortete Boas und sagte zu ihr: „Es ist mir alles genau berichtet worden, was du an deiner Schwiegermutter getan hast nach dem Tod deines Mannes, dass du deinen Vater und

deine Mutter und das Land deiner Verwandtschaft verlassen hast und zu einem Volk gegangen bist, das du früher nicht kanntest. Der HERR vergelte dir dein Tun, und dein Lohn möge ein voller sein von dem HERRN, dem Gott Israels, zu dem du gekommen bist, um unter seinen Flügeln Zuflucht zu suchen!"

Da sagte sie: „Möge ich weiterhin Gunst finden in deinen Augen, mein Herr! Denn du hast mich getröstet und hast zum Herzen deiner Magd geredet, und ich, ich bin nicht einmal wie eine deiner Mägde." (Rut 2,10–13)

Rut fragt: „Boas, du bist so freundlich zu mir?! Womit habe ich das verdient? Ich als Fremde?" Rut ist weiter „die Fremde", sie empfindet sich selbst als „Ausländerin" – sie gehört (noch) nicht richtig dazu zum Gottesvolk.

Boas erklärt, was ihn so beeindruckt an ihr: Dabei „spricht [er] gar nicht von dem, was Ruth auf seinem Feld getan hat. Er spricht nicht von ihrer *Arbeit*, sondern von ihrer *Entscheidung*, Moab zu verlassen."[56] Ihm imponiert, was er gehört hat: dass sie sich auf den Gott Israels eingelassen hat; dass sie ihre Heimat verlassen hat, um hier in Juda unter Gottes Flügeln Zuflucht zu finden (Rut 2,12).

Rut will sich – so hat Boas das ganz treffend verstanden – unter Gottes Flügeln bergen. Boas greift hier auf ein häufig gebrauchtes biblisches

Bild zurück (vgl. Psalm 17,8; 36,8; 57,2; 61,5; 63,8; 91,4; Matthäus 23,37). Wie eine Henne ihre Küken oder eine Vogelmutter Jungvögel mit ihren Flügeln vor Bedrohungen schützt, will Gott seine Kinder in Sicherheit bringen. Wie ein starker Adler (5. Mose 32,11) will er die Menschen, die zu ihm gehören, bergen.

Auch die ausgebreiteten Flügel der Cherubinenfiguren über der Bundeslade spielen auf das Bild der schützenden Flügel Gottes an (2. Mose 25,18–20; 37,9; 1. Könige 6,23–28). Die Bundeslade (eine vergoldete, tragbare Holzkiste, in der unter anderem die Steintafeln, auf denen die Zehn Gebote standen, lagerten) war für das Volk Israel das sichtbare Zeichen von Gottes unsichtbarer Gegenwart (2. Mose 25,22). Die Flügel der beiden Cherubinen waren ein anschauliches Sinnbild für die schützende Gegenwart Gottes.

Rut wollte sich bergen unter Gottes Flügeln, das heißt: Sie wollte in seine schützende Gegenwart kommen und dort bleiben. Das ist eine entscheidende Einordnung im Buch Rut. Boas bringt hier auf den Punkt, warum Rut in Juda ist: Sie hat einen religiösen Heimatwechsel vorgenommen. Ihren Umzug von Moab nach Juda mit ihrer Schwiegermutter Noomi, den versteht er als Hinwendung zum Gott Israels, als Umkehr, als Heimkommen.

Rut ist zwar durch ihren Schwur (Rut 1,16f) „zu einer Judäerin ‚auf Vorschuss' geworden, doch bislang hat niemand aus Bethlehem dies ausdrücklich bestätigt".[57] Bis jetzt: Boas hat gleich den Kern von Ruts Bekehrung verstanden, ihr Entschluss wird hier erstmals in seiner vollen Tragweite anerkannt.[58] Boas widerspricht damit Rut, die sich selbst (Rut 2,10) als „Fremde" bezeichnet hat, denn „eine Fremde, die ein so großes Opfer gebracht und ein Volk gewählt hat, das sie vorher nicht kannte, ist keine Fremde mehr".[59] Die ursprüngliche Heimat aufzugeben – „das findet in Israel hohe Beachtung, denn das ist Abraham-Tradition"[60] (vgl. 1. Mose 12,1; 24,7).

Boas unterstreicht mit seinen Worten „die religiöse Bedeutung der Übersiedlung Ruths"[61] – Rut ist bewusst auf jüdisches Territorium gezogen. Das war damals der Ort, den Gott segnen wollte, wo er anzutreffen war. Das war das Land, für das Gottes Verheißungen galten, Gottes „Heilsraum", Gottes Herrschaftsbereich. Das imponiert Boas. Er ermutigt Rut, diesen Weg mit Gott weiterzugehen. Er wünscht ihr Gottes Segen – also dass Gott honoriert, dass sie Geborgenheit bei ihm sucht. Jetzt soll sie erfahren, wie sich das positiv auf ihr Leben auswirkt. Man merkt, dass Boas stark aus der Verbindung mit Gott lebt und sich freut, wenn andere diese auch für sich entdecken. Boas weiß: Es lohnt sich, sich eng an Gott zu binden. Ruts Entscheidung ist die richtige.

IMPULS FÜR HEIMATSUCHENDE

Christen erleben das noch heute, was Psalm 61,4f als Glaubenserfahrung formuliert (NGÜ): Gott, „du bist für mich zu einer Zuflucht geworden, zum starken Turm, der mich schützt vor dem Feind. Ich möchte in deinem Heiligtum wohnen für alle Ewigkeit, mich bergen unter deinen schützenden Flügeln."

Wenn ich mich bedroht fühle, überfordert oder schutzlos – dann kann ich im Gebet bei Gott Schutz suchen. Ich kann Kontakt mit ihm suchen, indem ich sein Wort, die Bibel, lese. An manchen Stellen habe ich am Rand meiner Bibel ein Datum eingetragen. Die Daten erinnern mich an konkrete Situationen, in denen ich nicht weiterwusste – und Gott gebeten habe, mich unter seine Fittiche zu nehmen. Manchmal hat Gott mich dann auf bestimmte Aussagen in der Bibel hingewiesen, die mir in dieser Lage viel bedeutet haben. Wenn mir alles zu viel wird, kann ich voll Vertrauen gedanklich unterschlüpfen bei ihm.

Ich möchte jedem, der das bisher nicht kennt oder aus dem Blick verloren hat, Mut machen, unter Gottes Flügeln Schutz zu suchen. Unter Gottes Flügeln ist noch Platz für dich, jede Menge Platz. Wenn du mit deinen Fragen, Sorgen und Problemen nicht fertigwirst – dann berge dich unter Gottes Flügeln. Suche seine Nähe im Gebet. Lies in der Bibel. Bitte ihn, dir nahezukommen. Bitte ihn, dass du seine Gegenwart spüren kannst. Schließ dich einer schützenden Gemeinschaft von Gläubigen an. Unter Gottes Flügeln findest du Schutz, Trost, Geborgenheit und Nähe.

Boas macht Rut Mut: „Das ist gut, dass du unter Gottes Flügeln Geborgenheit suchst." Und er berührt Rut mit seinen Worten (Vers 13). Mit neuem Schwung, ermutigt und motiviert, nimmt Rut ihre Arbeit wieder auf. Bei der nächsten Pause der Erntehelfer ist Boas wieder da. Er lädt Rut persönlich ein.

IMPULS FÜR IM GLAUBEN BEREITS BEHEIMATETE

Es sind nicht immer die großen Szenen, die etwas bewirken. Oft sind es vermeintlich kleine Gesten, kleine Worte, die positive Ausstrahlung entwickeln. Ein freundliches Wort von Menschen, die zu erkennen geben, dass sie sich im Dienst eines Höheren sehen. Das Gespräch nach einem Gottesdienst. Die Dose mit selbstgebackenen Keksen und einer kleinen Karte kurz vor Weihnachten. Die Einladung zu einem warmen Mittagessen. Das Reich Gottes beginnt unscheinbar wie ein Senfkorn, zieht aber immer größere Kreise (Markus 4,30–32).

Und zur Essenszeit sagte Boas zu ihr: „Tritt hierher und iss von dem Brot und tunke deinen Bissen in den Essig!" Da setzte sie sich neben die

Schnitter, er aber reichte ihr geröstete Körner,
und sie aß und wurde satt und ließ sogar etwas
übrig. (Rut 2,14)

Boas lädt Rut persönlich zum Essen, zur Gemeinschaft ein. Das ist zwar kein entspanntes und
idyllisches Picknick im Grünen, sondern nur eine
kurze Pause nach anstrengender Arbeit – eine
kurze Erfrischung, ein kleiner Snack, bevor es
weitergeht. Aber sie genießt es! Als fremde, mittellose Frau, die auf Entgegenkommen angewiesen ist, die um ihre Existenz kämpft, die peinliche
Arbeit verrichten muss – Restesammeln –, wird
sie zum Essen eingeladen! Sie darf im Kreis von
Boas' Angestellten sitzen! Das ist ein sehr entge-
genkommendes Angebot.

„Die kleine Szene zeigt, wie weit Ruths Integration schon fortgeschritten ist".[62] Rut ist mittendrin statt nur dabei. Rut wird zumindest von
Boas und seiner Umgebung nicht ausgegrenzt,
sondern einbezogen. Es gibt Weinessig (man
konnte Fladenbrotstücke hineintunken) und
Röstkörner – ein echter Leckerbissen! Sie isst sich
satt und steckt unauffällig etwas von den gerösteten Körnern ein – wie man später erfährt, ist
dieser *doggy bag* für ihre Schwiegermutter (vgl.
Rut 2,18). Erfrischt und gestärkt geht es weiter.

Als sie nun aufstand, um aufzulesen, befahl Boas seinen Knechten: „Auch zwischen den Garben darf sie auflesen, und ihr sollt ihr nichts zuleide tun. Vielmehr sollt ihr sogar aus den Bündeln Ähren für sie herausziehen und liegen lassen, damit sie sie auflesen kann, und ihr sollt sie nicht bedrohen." (Rut 2,15.16)

Rut wird von jetzt an bevorzugt behandelt. Dafür sorgt Boas höchstpersönlich. Er gibt, sobald Rut außer Hörweite ist, leise, aber unmissverständliche Anweisungen an die Erntehelfer: „Seid nett zu ihr!" Er bestätigt die bisherige Erlaubnis – und weitet sie aus. Rut darf jetzt sogar zwischen den Arbeitern sammeln, sie muss nicht mehr warten, bis diese die Ährenbündel gesammelt und weggetragen haben – und dabei vielleicht etwas verloren oder übersehen haben.

Boas sagt seinen Erntehelfern: „Lasst ab und zu ein paar Ähren fallen für sie." Er geht damit weit über das hinaus, was 3. Mose 23,22 fordert (dort ist nur die Rede von „Ränder stehen lassen, keine Nachlese betreiben"). Er überbietet die Nachlesevorschriften bei weitem.

Rut steht – das ist jetzt auch dem Letzten klar – unter seinem persönlichen Schutz. Boas hält fest: Rut ist kein Freiwild! Im Gegenteil: Er sagt: „Behandelt sie extra nett! Sagt ihr kein unfreundliches Wort!" Man merkt: Er fühlt sich hingezogen zu Rut. Sie ist ihm wichtig.

> So las sie (Rut) auf dem Feld auf bis zum Abend. Und als sie ausschlug, was sie aufgelesen hatte, da war es etwa ein Efa Gerste. Und sie hob es auf und kam in die Stadt, und ihre Schwiegermutter sah, was sie aufgelesen hatte. Und sie zog heraus, was sie übrig gelassen, nachdem sie sich gesättigt hatte, und gab es ihr. (Rut 2,17.18)

Bis zum Abend sammelt Rut Ähren auf. Dann drischt sie mit einem Stock die Ähren aus. Sie hat etwa 15–25 kg Gerste geerntet. Müde und glücklich kommt sie zurück. Stolz übergibt sie Noomi ihren Ertrag – und als Überraschung obendrauf die gerösteten Körner. Noomi kriegt vor Staunen den Mund gar nicht mehr zu: „Wo hast du denn das alles her?"

> Da sagte ihre Schwiegermutter zu ihr: „Wo hast du heute aufgelesen, und wo hast du gearbeitet? Gesegnet sei, der dich beachtet hat!" Und sie berichtete ihrer Schwiegermutter, bei wem sie gearbeitet hatte, und sagte: „Der Name des Mannes, bei dem ich heute gearbeitet habe, ist Boas." Da sagte Noomi zu ihrer Schwiegertochter: „Gesegnet sei er von dem HERRN, der seine Gnade nicht entzogen hat, weder den Lebenden noch den Toten!" Und Noomi sagte zu ihr: „Der Mann ist uns nahe verwandt, er ist einer von unsern Lösern." (Rut, 2,19.20)

Noomi fällt auf, dass Rut eine außergewöhnlich große Menge einsammeln konnte. „Da hat es aber einer gut mit dir gemeint!" Und Rut – so stelle ich mir das jedenfalls vor – tut ganz unbeteiligt, als sie erzählt: „Ich war bei so einem ... warte, wie hieß der nochmal? Boas! Genau! Bei dem war ich auf dem Feld." Da wird Noomi auf einmal ganz hellhörig – sie merkt, dass Gott sie nicht vergessen hat. Und Noomi hat eine interessante Information für ihre Schwiegertochter: „Boas, den kenne ich. Das ist ein Verwandter aus der Sippe meines verstorbenen Mannes. Nicht gerade arm ..."

„Boas ist mit uns verwandt": Da schwang noch mehr mit. Verwandtschaft hatte damals in Israel, wo der Zusammenhalt und die Gemeinschaft zählten, eine große Bedeutung. Noomi sagt zu Rut (Rut 2,20b; GNB): „Du musst wissen, Boas [...] ist einer von den Lösern, die uns nach dem Gesetz beistehen müssen." – Ob Rut das auf Anhieb verstanden hat?

Noomi musste ihr dieses alte hebräische Gesetz vermutlich erst einmal erklären: Das Wort „Löser" ist ein juristischer Begriff. Gott regelte im Alten Testament, dass enge Verwandte die Aufgaben hatten, Familienmitgliedern in Notsituationen beizustehen. Sie sollten als Löser agieren – also eine Lösung in einer problematischen Situation schaffen. Musste etwa ein verarmter

Israelit sein Grundstück verkaufen oder verpfänden (also Privatinsolvenz anmelden, würden wir heute sagen), sollte sein nächster Verwandter als Löser den Besitz zurückkaufen – um es dem ursprünglichen Besitzer, dem Verwandten in der Notsituation, zurückzugeben (3. Mose 25,25–28). Wenn ein Israelit verarmte und sich selbst als Sklave verkaufen musste, musste sein Bruder ihm helfen, die Freiheit zurückzugewinnen, ihn also „auslösen" (3. Mose 25,47–49).

Noomi kombiniert: „Boas ist mit mir verwandt – also ein potentieller Löser. Der könnte uns aus der Patsche helfen!" In Schuldsklaverei waren Noomi und Rut nicht geraten. Aber wie man erst im vierten Kapitel erfährt, hatten Elimelech und Noomi wohl ursprünglich ein Grundstück besessen, das sie vor dem Umzug nach Moab verpfänden bzw. verkaufen mussten. Könnte Boas nicht vielleicht, so arbeitet es in Noomi, das verlorene Familieneigentum auslösen und für sie zurückerwerben?

Erst die Einordnung und Interpretation durch Naomi erschließt Rut, wie entscheidend ihr Zusammentreffen mit Boas war.[63] Boas könnte die ganze Situation zu einem guten Ende bringen – bzw. einen neuen Anfang ermöglichen, eine gute, dauerhafte Lösung schaffen. Klingt doch ganz vielversprechend, wenn auch noch wenig konkret. Vielleicht deswegen kommt erst einmal gar keine Reaktion dazu von Rut. Vielleicht durchschaut sie diese seltsame Löser-Regelung noch nicht wirklich.

Dieser Gedanke, Boas könnte als Löser fungieren, macht aber Noomi, die ja ziemlich verbittert und hoffnungslos aus Moab zurückgekehrt war, erkennbar neue Hoffnung. Was für eine plötzliche Veränderung bei Noomi: Sie traut Gott auf einmal wieder etwas zu! Sie merkt: Gott meint es doch gut mit ihr! Sie sagt (Rut 2,20; GNB): „Jetzt sehe ich, dass der Herr uns nicht im Stich gelassen hat!" Da wächst neue Hoffnung, neuer Mut! Dieses Gespräch ist ein Wendepunkt in ihrem Leben. Sie traut Gott wirklich eine umfassende Lösung ihrer problematischen Situation zu.

In Noomis Hinweis auf den „Löser" zeichnet sich eine dauerhafte Hoffnung, eine positive Perspektive ab, die über die Erntezeit hinausreicht. Die Ährennachlese ist ja keine Lösung auf Dauer. Wie soll das funktionieren, wenn die Erntezeit beendet ist?! In Noomi reift bereits eine Idee, wie es weitergehen könnte. Erst recht, als Rut noch erzählt, dass Boas sie unbedingt in seiner Nähe halten will.

Und die Moabiterin Rut sagte: „Schließlich hat er noch zu mir gesagt: ‚Du sollst dich zu meinen Knechten halten, bis sie meine ganze

Ernte beendet haben.'" Da sagte Noomi zu Rut, ihrer Schwiegertochter: „Es ist gut, meine Tochter, dass du mit seinen Mägden hinausziehst; so kann man dich auf einem andern Feld nicht belästigen." So hielt sie sich denn zu den Mägden des Boas, um Ähren aufzulesen, bis die Gerstenernte und die Weizenernte beendet waren. Dann blieb sie zu Hause bei ihrer Schwiegermutter. (Rut 2,21–23)

Noomi hat ein Gespür dafür, dass Boas vielleicht ein Auge auf Rut geworfen hat. Daran ließe sich doch anknüpfen … Sie ermutigt Rut, sich die nächsten Wochen bis zum Ende der Erntezeit (die Gerstenernte fand, wie gesagt, etwa von März bis April statt, die Weizenernte von Mai bis Juli) eng an Boas zu halten. Was diese gerne verspricht. Wer zwei und zwei zusammenzählen kann, ahnt, wie es im dritten Kapitel weitergehen könnte – wenn daraus mal nicht mehr wird!

Zum Schluss des zweiten Kapitels zurück zu unserer Ausgangsfrage: Findet Rut denn jetzt die neue Heimat, die sie sucht? Sie kommt zumindest ein gutes Stück weiter. Bislang war sie, zählt man Noomi großzügigerweise zu Boas dazu, von zwei Israeliten akzeptiert, aber noch lange nicht von der übrigen Gesellschaft.[64]

Es zeigt sich: Die Umkehr zu Gott ist der Anfang eines Weges, nicht das Ende. „Die Heimkehr der Moabiterin Ruth ist noch nicht vollendet, Ruth ist immer noch unterwegs zum Volk und Gott Israels."[65]

IMPULS FÜR HEIMATSUCHENDE

Gott führt Heimatsuchende in Kontakt mit Menschen, die bereits im Glauben beheimatet sind. Heute besteht Gottes Volk aus allen, die an Jesus, den Messias, glauben (Apostelgeschichte 15,14). Auch Menschen aus nichtjüdischen Völkern dürfen zu dieser international zusammengesetzten Gemeinschaft gehören. Wer bei Gott Heimat sucht, Sicherheit, Vertrautheit und Geborgenheit im Glauben – der kommt an der Gemeinde als erlebbare Konkretisierung dieser Gemeinschaft nicht vorbei.

Ruts Vorgehen gibt all denen, die heute noch Heimat suchen bei Gott, im Glauben, in der Gemeinde, wertvolle Hinweise. Ihre Geschichte hilft Heimatsuchenden, auch wirklich zu finden, was sie suchen. Drei Punkte sind entscheidend dafür, dass Rut auf ihrem Weg der Heimatsuche weiterkommt:

1. EIGENVERANTWORTUNG FÜR GEISTLICHE WEITERENTWICKLUNG WAHRNEHMEN!

Als Rut in Juda ankommt, dem Land, dem Gott seine Nähe verheißen hat, sagt sie sich nicht: „Jetzt bin ich in Juda. Gott, dann leg mal los." Sie wartet nicht ab nach dem Motto: „Gott, ich bin da – jetzt mach mal was!" Nein: Sie wird selbst aktiv. Konkret: Sie kümmert sich eigenverantwortlich um Nahrung. Eigenes Engagement ist unabdingbar: Boas drückt Rut auch nicht einfach einen Sack Mehl oder fertiges Brot in die Hand. Er ermöglicht ihr nur, Ähren zu finden. Aufsammeln und verarbeiten muss sie die Gerste schon selber.

Manche Menschen, die sich für Gott und den Glauben interessieren, wollen „Gott erst einmal kommen lassen". Gott sagt in Jeremia 29,13f (GNB): „... wenn ihr mich *von ganzem Herzen sucht*, werde ich mich von euch finden lassen". Die Verantwortung für dein geistliches Leben kann dir keiner abnehmen, kein Pastor, keine Gemeindeleitung, kein Kleingruppenleiter. Dein geistliches Leben, dein geistliches Weiterkommen liegt in deiner Verantwortung.

Die Gemeinde gibt dir (hoffentlich) Möglichkeiten zu sammeln. Du musst dafür aber selbst aktiv werden: Wer Angebote wie Gottesdienste, Kurse und Seelsorge nur sporadisch nutzt, kann sich nachher nicht beschweren, wenn er nicht satt wird. Bloße Anwesenheit reicht auch nicht: Wer den Gottesdienst weitgehend unbeteiligt an sich vorbeirauschen lässt, darf sich nicht wundern, wenn er nichts mitnimmt nach Hause.

Wenn im Gottesdienst oder in der Predigt ein Satz fällt, der dich anspricht, schreib ihn dir auf. Lies den Predigttext noch einmal zu Hause nach, damit er dir nachgehen kann. Vor kurzem beobachtete ich, wie nach einem Gottesdienst ein Besucher zur Pianistin ging und um die Noten eines Liedes bat, das ihn sehr berührt hatte. So kann man weiterkommen!

2. CHANCEN UND BEGEGNUNGEN NUTZEN, DIE GOTT EINFÄDELT!

Ist doch seltsam: Rut will unter Gottes Flügel schlüpfen – aber Gott zeigt sich überhaupt nicht! Rut trifft komischerweise nur ganz normale Menschen an. Die große Frage lautet: Wie zeigt sich Gott denn nun? Wo ist denn jetzt Gott, zu dem Rut kommen wollte? Wer „im Rut-Buch nach Gott als dem Handelnden sucht, wird enttäuscht werden, wenn sie oder er auf der Textoberfläche bleibt".[66] „Nichts Großes, nichts Weltbewegendes geschieht".[67]

Gleichzeitig gilt: Das Buch Rut will „wie der Großteil des alttestamentlichen Schrifttums nicht von Menschen reden, sondern von Gott".[68] Aber Gott bleibt dezent im Hintergrund. Dennoch ist Gottes Gnade erkennbar: in Menschen, die wie Boas von der Gnade Gottes leben – und deshalb im Alltag Gottes Gnade leben und weitergeben.[69] Rut trifft Gott durch Menschen, die das leben, was Gott wichtig ist. Gottes Wesen, Gottes Handeln wird sichtbar, indem es in das Leben und in die Taten anderer eingebettet wird.[70]

„Göttliches und menschliches Handeln" sind so „bis zur Ununterscheidbarkeit ineinander verwoben".[71] Rut ist unter Gottes Flügeln – vielleicht ohne es zu merken. Nicht spektakulär, aber sehr konkret. Gott fädelt zum Beispiel Begegnungen ein, bleibt selber aber weitgehend unsichtbar. Ganz am Anfang des Textes etwa stand (Vers 3b): „Zufällig" landet Rut auf Boas' Feld. „Zufall": So erlebt Rut das aus ihrer Perspektive. „Im Herunterspielen liegt ein besonderer literarischer Effekt. Der Leser reagiert dementsprechend: ‚Das kann doch gar nicht sein. Das war doch nicht Zufall. Das ist doch die Hand Gottes.' Mit einer solchen Reaktion hat der Autor sein Ziel erreicht."[72]

Als Boas Rut anspricht und persönlich einlädt, lässt sie sich gerne auf die Begegnung ein. Ruts Geschichte zeigt, wie Gott mit Menschen umgeht: Mit einem Augenzwinkern, könnte man fast sagen. Gott wirkt größtenteils hinter den Kulissen. Aber er behält die Fäden in der Hand. Er schafft Möglichkeiten, mit denen wir nicht unbedingt rechnen.

Bist du offen für „Zufälle", für überraschende Wendungen, für unerwartete Begegnungen? Es liegt an dir, solche Chancen zu nutzen, wenn sie sich „zufällig" ergeben. Manchmal ahnst du vielleicht sogar: Da könnte Gott seine Finger im Spiel haben. Gottes Nähe wird auch bei uns heutzutage konkret über Menschen, die von ihm geprägt sind, die ausstrahlen, was Gott ausmacht. Gott ist uns oft nah, wenn wir Menschen nahe sind, die ihm nahe sind.

3. VERBINDLICHKEIT WAGEN!

Rut springt nicht zwischen verschiedenen Feldern hin und her. Sie legt sich fest auf Boas' Feld. Heimat gibt es nicht ohne Verbindlichkeit. Wer immer nur kurz in verschiedene Kirchen oder Gemeinschaften reinschnuppert, aber überall ein wenig auf Distanz bleibt, wird nie ankommen und sich zu Hause fühlen. Wer Heimat in einer Gemeinde finden will, muss sich irgendwann festlegen. (Man sollte sich natürlich möglichst für eine Gemeinde entscheiden, in der man auch genug „Ähren" sammeln kann... sprich: eine, in der die Predigt nicht dominiert ist von persönlichen Eindrücken, Erlebnissen und Ansichten des Predigers, sondern auf die Auslegung und Anwendung von Gottes Wort fokussiert.) Wer auch noch ganz andere religiöse Richtungen und Weltanschauungen parallel pflegt, wird im Glauben kaum jemals Wurzeln schlagen. Wer Heimat bei Gott finden will, sollte zum Beispiel Horoskope hinter sich lassen. Wer zu Gott zurückkehren möchte, kann und braucht sich nicht weitere Türen offen zu halten.

IMPULS FÜR IM GLAUBEN
BEREITS BEHEIMATETE

Die, die schon bei Gott und in der Gemeinde Heimat gefunden haben, die bereits richtig angekommen sind, können ihrerseits von Boas viel lernen: Immer wieder begegnen wir Menschen mit einer Sehnsucht nach Gott, mit großem geistlichen „Hunger" – wunderbar!

Wie gehen wir mit ihnen um? Wir haben als Christen einen entscheidenden Einfluss auf den weiteren Weg von Interessierten. Wenn neue Gesichter in meiner Gemeinde auftauchen, wollen wir alles tun, um Willkommenssignale zu senden. Jeden Sonntag stehen bei uns zwei Mitglieder an der Eingangstür – nicht als Security, um Fremde rauszuhalten, sondern um jeden Besucher individuell per Handschlag zu begrüßen, um jeden Einzelnen persönlich willkommen zu heißen! Gäste sollen niemals mehr hören (das soll es früher tatsächlich öfter mal gegeben haben): „Sie sitzen da auf meinem Platz!", sondern eher: „Haben Sie Lust auf einen Kaffee nach dem Gottesdienst?" Bei Kaffee und Keksen lassen sich gut Gespräche führen und erste Kontakte knüpfen ...

Wir sind aufgefordert, Heimatsuchende wahrzunehmen, sie anzusprechen, sie einzubinden, ihnen Mut zu machen, sie einzuladen, näher zu uns zu rücken. Wir sind aufgefordert, unser Leben mit ihnen zu teilen. Unsere Aufgabe ist es, Heimatsuchenden einen Schutzraum zu bieten – sie sollen bei uns viel aufsammeln und mitnehmen können. Ob wir wirklich aus Gottes Gnade leben, zeigt sich daran, dass wir sie teilen und weiterschenken. Wenn wir tatsächlich aus der Verbindung mit Gott leben, freuen wir uns, wenn andere sie auch für sich entdecken. Unter Gottes Flügeln ist noch Platz. Viel Platz.

Mein Plan mit euch steht fest: Ich will euer Glück und nicht euer Unglück. Ich habe im Sinn, euch eine Zukunft zu schenken, wie ihr sie erhofft. Das sage ich, der Herr. Ihr werdet kommen und zu mir beten, ihr werdet rufen und ich werde euch erhören. Ihr werdet mich suchen und werdet mich finden. Denn wenn ihr mich von ganzem Herzen sucht, werde ich mich von euch finden lassen. Das sage ich, der Herr.

(Jeremia 29,11–14; GNB)

UNTERGESCHLÜPFT

Wieviel Heimat brauchen Sie?
Max Frisch[73]

Was möchtest du von mir?
Jesus[74]

Die Moabiterin Rut lässt ihr altes Leben, ihre alte Identität hinter sich, die Götter ihres Volkes, und will sich Gottes Volk anschließen – sie möchte künftig zu dem wahren Gott, dem Gott Israels gehören. Die Wirklichkeit stellt sich dann erst einmal als nicht ganz so rosig heraus. In Wahrheit ist ihr in ihrer neuen Wahlheimat Juda zuerst einmal alles fremd – *sie* ist dort fremd. Sie kennt zunächst niemanden außer ihrer eher pessimistischen und hoffnungslosen Schwiegermutter. Rut ist weitgehend auf sich allein gestellt – ein echtes Problem in einer damals rein männerorientierten Welt.

Rut lernt auf dem Feld Boas kennen. Der behandelt sie ausgesprochen freundlich; er lädt sie persönlich zum Essen ein und ermutigt sie, diesen Weg mit Gott weiterzugehen. Boas ist – das wird zwischen den Zeilen sehr deutlich – fasziniert und schwer beeindruckt von Rut, und zwar in jeder Hinsicht. Man fragt sich automatisch: Wird da noch mehr draus?

Wie geht es überhaupt weiter? Obwohl Boas Rut schon sehr entgegenkommt, ist die Ährennachlese ja keine auf Dauer tragfähige Lösung. Wie soll das funktionieren, wenn die Erntezeit beendet ist?

Immerhin: Erste Kontakte hat sie geknüpft – und jetzt? Wie gelingt ihre Integration in die Gemeinschaft? Wird sie überhaupt als Teil des Volkes Gottes akzeptiert werden? Abgesehen von Boas – der rühmlichen Ausnahme – ist sie bislang nicht wirklich willkommen geheißen worden. Bestenfalls wurde sie ignoriert (Rut 1,18–21); selbst Noomi hätte sie am liebsten in Moab zurückgelassen (Rut 1,15) und ohne Boas' Fürsprache wäre sie auf den Feldern vielleicht sogar übel bedrängt worden (Rut 2,9.16). Was sind jetzt die nächsten Schritte?

Die Frage ist höchst relevant für alle, die heute im Glauben eine geistliche Heimat suchen. Wenn sich jemand entscheidet, Gottes Nähe zu suchen, bei ihm Heimat sucht, Sicherheit, Vertrautheit und Geborgenheit – wie wird er auch fündig?

Wenn jemand erste engere Kontakte knüpft zu einer Gemeinde, sich einreihen möchte in eine geistliche Gemeinschaft – wie geht es dann weiter, wie kommt man da richtig an? Was muss passieren, damit man sich im Glauben und in der Gemeinde richtig angekommen und zu Hause fühlt?

> Und Noomi, ihre Schwiegermutter, sagte zu ihr: „Meine Tochter, sollte ich dir nicht einen Ruheplatz suchen, damit es dir gut geht? Und nun, ist nicht Boas, mit dessen Mägden du zusammen warst, unser Verwandter? Siehe, heute Abend worfelt er auf der Tenne die Gerste. So bade und salbe dich und leg deine besten Kleider an und geh zur Tenne hinab! Lass dich von dem Mann aber nicht bemerken, bis er fertig ist mit Essen und Trinken. Und es soll geschehen, wenn er sich hinlegt, dann merke dir die Stelle, wo er sich hinlegt, und geh hin und decke sein Fußende auf und lege dich hin. Er wird dir dann mitteilen, was du tun sollst." Und sie sagte zu ihr: „Alles, was du sagst, will ich tun." (Rut 3,1–5)

Im zweiten Kapitel zeichnete sich bereits eine mögliche Lösung am Horizont ab. Rut begegnete Boas, ihrem entfernten Verwandten, auf dessen Feld sie zufällig geraten war. Schon am Ende des zweiten Kapitels ahnt man als Leser, dass sich da etwas anbahnt. Dass Boas Rut erlaubt, sich auf seinem Gerstenfeld großzügig zu bedienen, ist bemerkenswert, löst aber auch nur die kurzfristige Versorgungsproblematik. Jetzt muss eine dauerhafte Lösung her! Leider wird Boas aber von sich aus nicht aktiv, er geht nicht den nächsten Schritt. Zwar sind sich Boas und Rut in den vergangenen Wochen sicherlich erneut begegnet auf dem Feld, sie haben sich vermutlich näher kennengelernt, aber es hat sich nichts Konkretes daraus ergeben.

Da reift in Noomi eine Idee, wie es weitergehen könnte. Die motiviert sie jetzt zu weiteren Schritten. Sie fragt – eher rhetorisch – ihre Schwiegertochter Rut: „Meine Tochter, sollte ich dir nicht einen Ruheplatz suchen, damit es dir gut geht?" „Ruheplatz" steht – ähnlich wie in Rut 1,9 – für eine gesicherte Existenz, für eine geordnete Lebenssituation, für Sicherheit, Stabilität und Wohlergehen. In heutiger Sprache (Rut 3,1; GNB): „Ich möchte, dass du wieder einen Mann und eine Heimat bekommst." So soll Ruts Lebensunterhalt (und ihr eigener) gesichert sein.

Gute Idee – und wie bitteschön soll das funktionieren, wenn der einzige Mann, mit dem Rut näher zu tun hat, Boas, keinerlei Anzeichen erkennen lässt, dass er weitergehendes Interesse an Rut hat? Als Moabiterin, als zugereiste Witwe, die sich mühsam irgendwie durchschlagen muss, darf man sich da keine falschen Hoffnungen machen.

Aber Noomi hat einen detaillierten Plan im Kopf. Sie vermutet zu Recht, dass dieser Boas – eigentlich eher ihre Generation – ziemlich angetan ist von dieser jungen Rut. Immerhin hat er sie zum Essen eingeladen, für ihre Sicherheit gesorgt und sie beschenkt, ihr Mut gemacht. Noomi denkt sich: „Da geht noch mehr." Sie will die ganze Geschichte etwas… na ja: beschleunigen. Sie möchte da ganz dezent etwas einfädeln, einen Annäherungsversuch, ein Rendezvous um Mitternacht. Noomi weiß, heute ist eine günstige Gelegenheit: Heute Abend worfelt Boas auf der Tenne die Gerste.

Kurzer Infoblock für alle Stadtkinder: Eine Tenne ist ein freier Platz außerhalb einer Siedlung, wo der Wind ungehinderter weht. Auf dieser Tenne wird geworfelt. Zuerst wird das geerntete Getreide gedroschen, die Körner werden aus der Spreu, also aus der Hülse, herausgeschlagen. Körner und Spreu sind dann aber immer noch vermischt. Also wird anschließend das gedroschene Getreide mit Gabeln und Schaufeln in die Höhe geworfen – der Wind verweht die leichte Spreu (vgl. Jeremia 4,11). Die schweren Getreidekörner, um die es eigentlich geht, fallen zu Boden und können zum Schluss eingesammelt werden.

Wenn abends und nachts vom Meer her Westwind aufkommt, herrschen ideale Bedingungen zum Worfeln.[75] Die Männer arbeiteten deswegen damals häufig am Abend, wenn der Wind in passender Stärke über das Land wehte, und schliefen anschließend auf der Tenne, um auf die Ernte aufzupassen.[76]

Noomi kennt diese Abläufe natürlich seit ihrer Kindheit bis ins Detail. Und sie gibt Rut mit Autorität Anweisungen. Rut soll sich schön machen, sich vorbereiten wie für eine Hochzeit (vgl. Hoheslied 1,3.12; 4,11–16): Sie soll sich baden, parfümieren, schick anziehen. Vielleicht hatte sie bislang noch das Witwengewand an – wir würden heute sagen: Vielleicht trug sie immer noch Schwarz, seit dem Tod ihres Mannes. Die Kleider wechseln, das ist im Kontext des Alten Testamentes oft auch allgemeiner ein Ritual an einer biografischen Schwelle, ein Zeichen für einen Neuanfang (vgl. 2. Samuel 12,20; Jesaja 61,1–3; Hesekiel 16,8–10), also für den Beginn eines neuen Lebensabschnitts. (Heutzutage drücken Menschen eher durch eine radikal veränderte Frisur oder eine neue Haarfarbe aus, dass sie ganz offensichtlich mit einer Lebensphase abschließen möchten.)

Rut soll sich, so der durchaus ungewöhnliche Plan, wenn Boas gegessen und getrunken hat und eingeschlafen ist, einfach zu ihm legen – und dann abwarten, wie der reagiert. Eine ziemlich unkonventionelle Idee. Und nicht ganz ohne Risiko. Was, wenn man Rut als vermeintliche Diebin aufgreift? Und ganz klar ist ja nicht, was genau sie hier tun soll, wozu Noomi sie auffordert. Sich zu Boas' „Füßen legen", ihn aufdecken: das ist bewusst zweideutig formuliert. Man kann das durchaus als erotisch-sexuelle Anspielung verstehen. Geradezu pikant, was hier umgesetzt werden soll. Die Erzählung entfaltet an dieser Stelle ein „erotisches Flair, indem sie eine auffällige Häufung von Worten bietet, die im Hebräischen eine sexuelle Nebenbedeutung haben".[77]

Soll Rut etwa ihren jungen Körper einsetzen, um den angeheiterten Boas zu verführen, um mit ihm zusammenzukommen? Hm. Ganz absehbar ist auch nicht, wie Boas reagieren wird. Was, wenn er sie auslacht und wegjagt? Das wäre fatal, wenn Rut auf diese Weise zum Gespött der Leute würde … Ihr Vorhaben, in Gottes Volk ein neues Zuhause zu finden, ganz anzukommen, wäre dann zum Scheitern verurteilt! Was, wenn Boas die Situation ausnutzt, mit ihr schläft, aber dann am nächsten Morgen Rut sofort fortschickt (immerhin waren Tennen nach Hosea 9,1 durchaus Orte, wo der Prostitution nachgegangen wurde)? Wie auch immer: Rut lässt sich auf den Plan ein.

> Und sie ging zur Tenne hinab und tat nach allem, was ihre Schwiegermutter ihr befohlen hatte. Als Boas nun gegessen und getrunken hatte und sein Herz fröhlich wurde, da kam er, um sich am Ende des Getreidehaufens hinzulegen. Da kam sie leise, deckte sein Fußende auf und legte sich hin. Und es geschah um Mitternacht, da schrak der Mann auf und beugte sich vor, siehe, da lag eine Frau an seinem Fußende. Und er sagte: „Wer bist du?" Sie sagte: „Ich bin Rut, deine Magd. So breite den Saum deines Gewandes über deine Magd aus, denn du bist Löser!" (Rut 3,6–9)

Eine Szene voller Andeutungen. Insgesamt definitiv „eine gewagte Situation".[78] Boas schläft auf der Tenne, bleibt über Nacht vor Ort, um die Ernte zu bewachen. Eine erfolgreiche Ernte ist ein fröhlicher Anlass, darauf trinkt er ein Glas Wein, er wirkt glücklich und zufrieden. Als er richtig müde wird, legt er sich entspannt neben den Getreidehaufen, eingekuschelt in seinen Mantel oder in eine Decke … und schläft selig ein.

Rut hat das Ganze aus der Entfernung beobachtet. Jetzt schleicht sie sich an, wartet ein paar Minuten, um sicherzugehen, dass Boas wirklich schläft. Sie hört seine regelmäßigen Atemzüge –

und wundert sich vermutlich, dass niemand *ihr* aufgeregtes Herz pochen hört. Rut kommt Boas jetzt so nah wie nie zuvor, sie kriecht zu ihm, schlüpft leise unter seine Decke, legt sich ans Fußende – und ist beruhigt, dass Boas nur kurz tief durchatmet, dann aber seelenruhig weiterschläft.

Rut selber liegt natürlich noch lange hellwach mit pochendem Puls neben ihm. Eine Viertelstunde – vielleicht eine halbe Stunde, vielleicht eine ganze. Was da wohl in ihrem Kopf für Gedanken kreisten… Rut hat in ihrer Aufregung vermutlich alle Szenarien, die jetzt eintreten könnten, gedanklich durchgespielt. Ob das gut ausgeht?

Dann – exakt um Mitternacht – wird Boas wach. Er schreckt auf und merkt: Nanu, da ist doch jemand – unter seiner Decke! Er tastet um sich, gewinnt langsam die Orientierung wieder: Tatsächlich, da ist wer! Aber wer? Jedenfalls kein wildes Tier, dafür riecht dieses Wesen einfach zu gut – frisch gebadet. Boas ruft etwas angespannt: „Wer bist *du* denn?" (Vielleicht fragt er sich gerade: „Ich habe doch nicht so viel getrunken, dass ich nicht mehr weiß, neben wem ich eingeschlafen bin?") Rut antwortet: „Ich bin's, Rut, deine Magd." Sie zählt sich zu ihm, ordnet sich ihm zu – wenn auch auf unterster Stufe.

Und dann – ohne Boas überhaupt zu Wort kommen zu lassen, ohne ihm überhaupt die Chance zu geben, sich zu fangen und irgendwie zu reagieren – improvisiert Rut (das war so nicht geplant!). Sie weiß: Boas ist großzügig. Der mag sie. Und: Er hat eine auf Gott ausgerichtete Lebenseinstellung. Boas empfindet sich als von Gott gesegnet. Er will den empfangenen Segen auch weitergeben (siehe Kapitel 2).

Deswegen nimmt Rut jetzt allen Mut zusammen und platzt heraus mit ihrem Anliegen: „Lieber Boas, nimm mich unter deine Decke – nimm mich zur Frau!" Eigentlich sollte Rut doch abwarten (Noomis Anweisung lautete: „Er wird dir sagen, was du tun sollst") – jetzt sagt Rut Boas, was er tun soll. Sie weicht vom Drehbuch ab – und ruft spontan: „Willst du mich heiraten?" Äh, bitte, was? „Nimm mich unter deine Decke! Heirate mich!"

Diese Redewendung aus Vers 9 („breite deinen Gewandsaum über mich") beschreibt eine symbolische Handlung (vgl. in Hesekiel 16,8 Gottes Eheschließung mit der Stadt Jerusalem, als Frau personifiziert, und in 1. Könige 19,19 die Berufung des Propheten Elischa durch Elia). Das Bedecken mit dem Mantel drückt einen exklusiven Anspruch auf eine Person aus, enge Zusammengehörigkeit und gleichzeitig den Schutz, den der andere in dieser engen Verbindung (hier: eine Frau in einer männerorientierten Gesellschaft) findet. Den Gewandsaum über jemanden auszubreiten, drückt also ein Heiratsversprechen aus und verdeutlicht die Funktion der Ehe als „Schutzgemeinschaft".

In dieser Formulierung schwingt noch mehr mit. Im hebräischen Grundtext steht für den „Saum des Gewandes" (Rut 3,9) und „Gottes Flügel" (Rut 2,12) das gleiche Wort. Hier steht es im Singular, in 2,12 im Plural. Boas wird es kaum entgangen sein, dass Rut hier auf ihre erste Begegnung auf dem Feld anspielt! Damals hatte Boas zur Rut gesagt: „Gott möge dich segnen – denn zu ihm bist du gekommen, um Schutz zu finden unter seinen Flügeln."

Und jetzt greift Rut diese Wortwahl mutig auf und führt den Gedanken selbstbewusst und auf eine recht direkte Art und Weise weiter: „Boas, du wünschst mir, dass ich unter Gottes Flügeln Geborgenheit und Schutz erlebe? Dann nimm *du* mich unter *deine* Fittiche! Du wünschst mir doch Gottes Segen? Dann gib *du* ihn mir weiter! Du wünschst mir, dass ich da ankomme, wo ich hingehöre? Dann lass mich zu *dir* gehören!"

Eine unmissverständliche Botschaft: „Gottes Segen wünschen – das kann jeder. Aber die konkrete Umsetzung, die Verwirklichung, die hängt auch an dir! Die erfolgt auch durch dich!" Rut versucht Boas geschickt zu vermitteln, dass es von ihm selbst abhängt, ob dieser Wunsch Wirklichkeit wird – diese Verantwortung kann nicht auf das Eingreifen Gottes abgeschoben werden.[79] Wenn sein Segenswort Realität werden soll, muss er sich mehr als gedacht selbst zuständig fühlen.[80] Ruts klare Position: Dein Segenswunsch wird wahr, wenn du ihn wahr machst.[81]

Rut lehnt sich damit ganz schön weit aus dem Fenster. Sie fordert Boas auf, Gottes Gnade weiterzugeben, ihr ein Zuhause zu schenken, Sicherheit – das heißt konkret in ihrem Fall: sie zu heiraten. Rut macht Boas einen Heiratsantrag – bzw. sie fordert ihn auf, ihr einen zu machen.

IMPULS FÜR IM GLAUBEN BEREITS BEHEIMATETE

Immer wieder sitzen in unseren Gemeinden Menschen in den Reihen, die wie Rut Heimat bei Gott suchen, Sicherheit, Geborgenheit und Zugehörigkeit. Zu uns kommen Menschen, die sich auf den Weg gemacht haben, Kontakt zu Gott suchen und immerhin schon einmal Kontakt zu Gottes Leuten, also zur Gemeinde, gefunden haben.

In meiner Heimatgemeinde wird, ich erwähnte das schon, jeder am Eingang angelächelt und nett begrüßt. So weit, so gut. Aber: Was muss passieren, bis Suchende ganz im Glauben zu Hause sind? Wie findet man ganz rein in die Gemeinschaft, dass man wirklich dazugehört, dass man ganz angekommen ist? Muss man abwarten, bis man angesprochen wird?

Wie entsteht heutzutage die Verbindung von „Neuen" zur Gemeinde? Können Heimatsuchende das einfordern, integriert zu werden („Lässt du mich in deinen Hauskreis?" – „Lad mich doch mal zum Abendessen ein! Ich mag übrigens Lasagne!")? Die Übertragung von Ruts Kernargument in unsere Lebenswelt ist naheliegend, fast schon trivial, aber weitreichend von den Folgen: Von Gottes Zuwendung zu reden, ist nicht schwer – aber sie muss konkret und erlebbar werden.

Gemeinden wünschen sich sehr, dass Menschen bei ihnen Gott näher kennenlernen, dass Heimatsuchende unter Gottes Flügel schlüpfen können. Damit das konkret wird, müssen sie als Gemeinde Gottes Nähe und Zuwendung vermitteln, also Menschen bei sich unterschlüpfen lassen. Sie müssen – bildlich gesprochen – die schützende und wärmende Decke der Gemeinschaft über Menschen schlagen, die sagen: Ich will ganz dazugehören. Sie müssen ein Raum sein, in dem Menschen, die Heimat bei Gott suchen, fündig werden können.

Also müssen *wir* uns den Menschen zuwenden, die sich Gott zuwenden. Wir dürfen Gottes Gnade, die wir genießen dürfen, weitergeben. Vielleicht befinden wir alteingesessenen Gemeindemitglieder uns manchmal sonntags im Gottesdienst auch etwas schläfrig auf unserem Stammplatz, schlummern selig vor uns hin wie Boas auf der Tenne. Wenn wir das nächste Mal nach dem Segen verdutzt neben uns ein Gesicht entdecken, das wir nicht sofort einsortieren können, dann könnten wir doch auch einfach mal fragen: „Ups! Wer bist du eigentlich?"

Und dann können spannende Antworten kommen. Zum Beispiel: „Ich bin's, Markus. Ich brauche eigentlich gerade einen, der mit mir betet. Ich muss ein paar Sachen loswerden." Oder: „Ich heiße Oksana. Ich würde mich gerne einbringen bei euch. Braucht ihr noch einen, der sich mit Tontechnik auskennt? Ich würde gerne eine Aufgabe übernehmen, damit ich mich mehr als Teil des Ganzen fühle!" Oder: „Ich bin Emil. Ich habe einen großen Wunsch: Ich möchte mich gerne mit ein paar Leuten austauschen über Fragen, die mich bewegen. Habt ihr ein Format, wo man so etwas in kleinem Kreis besprechen kann?"

In unseren Gemeinden sollten wir das, was wir predigen, auch leben und umsetzen. Im Neuen Testament schreibt Jakobus, ganz im Sinne Ruts, sehr radikal: „Nehmt einmal an, bei euch gibt es einen Bruder oder eine Schwester, die nichts anzuziehen haben und hungern müssen. Was nützt es ihnen, wenn dann jemand von euch zu ihnen sagt: ‚Ich wünsche euch das Beste; ich hoffe, dass ihr euch warm anziehen und satt essen könnt!' –, aber er gibt ihnen nicht, was sie zum Leben brauchen?" (Jakobus 2,15–17; GNB).

Es reicht eben nicht, Interessierten am Ende des Gottesdienstes pauschal Gottes Segen zuzusprechen. Wenn Menschen bei Gott und im Glauben ein Zuhause finden wollen, muss das *bei uns* konkret und greifbar werden. *Bei uns* sollen Heimatsuchende unterschlüpfen können. Wer sich unter Gottes Flügeln bergen möchte, soll *bei uns* Schutz und Geborgenheit finden. Unsere Gemeinden sollen wie ein Schutzraum für suchende Menschen sein. Hier sollen sie aufatmen, zur Ruhe kommen und sich entfalten können – weil hier ein anderer Geist weht, Gottes Geist.

Als Interner verliert man manchmal vor lauter Alltäglichkeiten das Wesentliche aus dem Blick. Gerade Mitglieder, die Verantwortung tragen, wissen viele Interna, Geschichten und Konstellationen aus der Gemeindehistorie, die das Bild trüben mögen. Neu Hinzukommende ahnen meist, dass in unseren Gemeinden nicht alles Gold ist, was glänzt. Sie erwarten keine heile Welt. Aber sie hoffen auf Gottes Gegenwart in dieser fehlerbehafteten Welt. Wenn wir uns auf Gott fokussieren und gemeinsam Gottes Gegenwart suchen, ist seine Gegenwart unter uns spürbar. Und das ist das Entscheidende.

Also: Rut als fremde, mittellose junge Frau macht dem reichen, älteren Boas einen Heiratsantrag! Erstaunlich selbstbewusst – fast schon ein wenig dreist. Auf jeden Fall durchaus riskant, weil Missverständnisse nicht ausgeschlossen sind. Das kann auch gehörig schiefgehen: Boas könnte die ganze Aktion als Verführungsversuch verstehen, Rut als One-Night-Stand ausnutzen und sie am nächsten Morgen – dann wieder ganz nüchtern – fallenlassen wie eine heiße Kartoffel. Er könnte sich auch belästigt fühlen und sie fortjagen – nach dem Motto: „Du willst mich doch nur benutzen, dir geht es doch gar nicht um mich, sondern nur um mein Konto! Du erzählst was von Liebe und bist in Wirklichkeit doch nur hinter meinem Besitz her!"

Rut geht ein hohes Risiko ein und bietet sich ihm an. Gleichzeitig fordert sie ihn auf, etwas für sie zu tun. Sie spricht ihn nämlich als Löser an, übermittelt ihm damit implizit die klare Botschaft: „Du hast das Recht und die Pflicht, mich zu heiraten! Du bist unser Löser!" Bemerkenswert: „Boas fragt Rut, wer *sie* sei, woraufhin sie ihm sagt, wer *er* ist",[82] nämlich der Löser.

Das entscheidende Stichwort „Löser" signalisiert, dass Boas nicht nur Rut heiraten soll, sondern gleichzeitig die Löserrolle für ihre Schwiegermutter annehmen und wahrnehmen soll. Rut kombiniert hier sehr frei und kreativ zwei Paragrafen, die sich beide darum drehen, dass Verwandte die Aufgabe haben, in Notsituationen innerhalb der Familie eine Lösung herbeizuführen: die Lösepflicht (für ihre Schwiegermutter) und die Schwagerehe (für sich).

Rut konstruiert damit eine Regelung, die streng genommen im Alten Testament so gar nicht existiert. Im Buch Rut bzw. in Ruts Definition verschwimmen zwei Bestimmungen aus dem Familienrecht, die im Gesetz eigentlich strikt getrennt sind:

Lösepflicht (3. Mose 25,25–28): Musste ein verarmter Israelit aus der Not heraus sein Grundstück verkaufen oder verpfänden, sollte sein nächster Verwandter (als Löser) den Besitz zurückkaufen, um ihn dem ursprünglichen Besitzer, also dem insolventen Verwandten, zurückzugeben. In der Tat, wie man erst im vierten Kapitel erfährt, hatten Elimelech und Noomi (also die Schwiegereltern von Rut) ein Grundstück, das sie verkaufen oder verpfänden mussten, als sie nach Moab auswanderten. Wenn Boas sich bereit erklärt, Löser zu sein, könnte er den Besitz, das Familieneigentum auslösen. Dann müsste aber eigentlich Noomi ihn darum bitten.

Schwagerehe/Leviratsehe (5. Mose 25,5–10): Das Gesetz ging damals davon aus, „dass mehrere Brüder mit ihren Familien in einem Haus wohnen".[83] Wenn dann ein Mann starb und eine junge Witwe kinderlos übrigblieb, sollte der nächste Verwandte stellvertretend für den Verstorbenen mit der Witwe ein Kind zeugen, damit der Name des Verstorbenen weiterlebte und die Frau versorgt war (Kinder waren damals schlicht und einfach auch die Altersversorgung). Die Schwagerehe verpflichtete also den Bruder eines Verstorbenen, eine kinderlose Witwe zu heiraten (vermutlich meist zu seiner ersten Frau hinzu; das Levirat setzt „eine polygame und patriarchalische Gesellschaftsstruktur" voraus[84]). Der erste gemeinsame Sohn zählte dann juristisch als Kind des Verstorbenen, sein Besitz blieb in der damit weiterexistierenden Familie. (Die Schwagerehe spielt übrigens sogar im Neuen Testament eine Rolle, als die Sadduzäer Jesus mit überspitzten Fangfragen testen wollen, vgl. Markus 12,18–27.)

Rut bezieht sich geschickt auf Gesetze, die streng genommen gar nicht zu dieser Situation passen. Die Lösepflicht hat juristisch nichts mit einer Heirat zu tun. Und Boas war auch nicht Ruts Schwager, eine Leviratsehe kam also nach Rechtslage überhaupt nicht in Frage. Ob eine passende Regelung für ihre Lage existiert oder nicht, ist Rut allerdings relativ egal. Sie weiß selbst, dass sie keinen Rechtsanspruch auf Boas' Hilfe hat. Sie wählt einen romantischen Weg, ihre Bedürfnisse und ihren Wunsch mitzuteilen, und fragt ganz offensiv: „Boas, weißt du, was mir wirklich weiterhelfen würde?"

Rut kombiniert Schwagerehe und Lösepflicht, als sei es das Normalste der Welt. Ob sie diese Gesetze nicht ganz oder falsch verstanden hatte? Ich glaube nicht. Ich denke, dass Rut bewusst die alten Gebote neu interpretiert. Erstaunlich, mit welcher Selbstverständlichkeit sie das geltende Familienrecht ausweitet: Zwei eigentlich getrennte Elemente werden „kreativ ausgelegt und miteinander verknüpft".[85] Diese Kombination ist „sonst nirgends im Alten Testament belegt, sie ist aber sehr einleuchtend",[86] weil beide Regelungen letztlich in die gleiche Richtung zielen.

Da der Fall von Rut und Noomi ein komplizierter ist und reichlich verworren (schon die Ausgangslage richtet sich nicht nach dem Lehrbuch: Rut ist Ausländerin, Noomi für eine Leviratsehe zu alt, es wird nicht einmal ganz klar, wer überhaupt Erbe des Feldes ist – Noomi? Machlon? Rut? …), wendet Rut das Gesetz sinngemäß an. Das Recht wird dabei „nicht außer Kraft gesetzt, sondern in der kreativen Anwendung auf die zeitbedingten Notwendigkeiten erst wirklich erfüllt".[87] Diese flexible Anwendung ist eigentlich nichts anderes als ein Fortschreiben des Ursprungsgedankens, eine sinngemäße Erweiterung, eine aktualisierende Konkretisierung. Dahinter steckt die Annahme, das mosaische Gesetz gebe „für den sogenannten ‚Normalfall' ein Prinzip vor, nach dem man sich auch in den rechtlich schwierigeren Situationen richten kann".[88] Es geht bei Schwagerehe und Löserpflicht im Kern um Solidarität, um Hilfe – wenn man es vom Glauben her sieht: um Gnade. Daher ist Ruts Interpretation von großer Überzeugungskraft.

Das Gesamtpaket stellt Rut sich folgendermaßen vor: Boas soll als Löser handeln, als Verwandter darf er – das stellt sich im vierten Kapitel heraus – das Feld zurückkaufen, das Noomis Familie aus der Not heraus vor dem Umzug nach Moab verpfändet oder verkauft hat. Er soll, so die Vorstellung von Rut, dann aber auch gleich die dazugehörige Witwe heiraten. Vermutlich auch weil Noomi nicht mehr die Jüngste ist, sagt Rut: „Dann heiratest du einfach mich! Ich glaube, du magst mich sowieso ganz gerne, oder?"

Vielleicht hat es Rut Mut gemacht, dass Boas schon auf dem Feld deutlich über das vom Gesetz Geforderte hinausgegangen ist. Sie formuliert ganz schön hohe Erwartungen. Rut weiß wirklich, was sie will bzw. was sie braucht. Geht Boas darauf ein?

> Da sagte er (Boas): „Gesegnet seist du von dem HERRN, meine Tochter! Du hast deine letzte Treue schöner erwiesen als die erste, indem du nicht den jungen Männern nachgelaufen bist, sei es geringen oder reichen. Und nun, meine Tochter, fürchte dich nicht! Alles, was du sagst, werde ich für dich tun, erkennt doch alles Volk im Tor, dass du eine tüchtige Frau bist. Und nun, es ist wirklich so, dass ich Löser bin, doch gibt es da auch noch einen Löser, der näher mit dir verwandt ist als ich. Bleib heute Nacht hier! Und es soll am Morgen geschehen, wenn er dich

> lösen will, gut, so mag er lösen. Wenn er aber
> keine Lust hat, dich zu lösen, dann löse ich dich,
> so wahr der HERR lebt! Bleib liegen bis zum
> Morgen!" (Rut 3,10–13)

Puh, gut ausgegangen! Viel gewagt, alles gewonnen. Bei Boas rennt Rut offene Türen ein. Er ist ohne zu zögern bereit, Ruts Wunsch zu erfüllen, weil er ihr Ziel unterstützt. Boas antwortet: „Ich werde gerne euer Löser – gerne auch zu deinen Konditionen." Sie bat ja um „die Ehe, die die Qualität des Lösens haben soll".[89] Das heißt, Boas erklärt sich einverstanden, beide Frauen zu versorgen: Noomi, indem er den Acker kauft und sie bis ans Lebensende versorgt, und Rut, indem er sie heiratet. Beiden Frauen will er dadurch eine neue Zukunft schenken.

Die Lösung ist also in Sicht. Boas freut sich, dass Rut ihn anderen, jungen Männern vorzieht. Er ist eher Noomis Jahrgang (vgl. Rut 4,12). Boas sagt: „Rut, du bist eine tolle Frau, du hättest doch fast jeden haben können … Dass du mich damit ansprichst, rechne ich dir hoch an." Warum? Aus einem überraschenden Grund: Boas interpretiert den Heiratsantrag, die Bitte, als Löser zu agieren, als Beweis der Verbundenheit und Solidarität Ruts mit der Sippe ihres verstorbenen Mannes.

Boas sagt sinngemäß: „Rut, du hättest mit einem jungen Mann eine neue Familie gründen können – damit wäre aber der Name von Noomi, Elimelech und Machlon ohne Zukunft, er wäre über kurz oder lang ausgelöscht" (vgl. 5. Mose 25,6). „Dir ist aber deine Schwiegermutter und die Familie deines verstorbenen Mannes so wichtig, dass du diese Familienlinie aufleben lassen willst und nach einer Lösung für dich *und* für Noomi suchst!" Rut hat eben nicht nur Ausschau gehalten nach einem Partner für sich, sondern sie hat Noomis Versorgung mit im Blick. „Respekt!", sagt Boas: „Ich finde das gut! Das beeindruckt mich!"

Boas erkennt, wie Rut unter Anspannung steht, und macht ihr Mut: „Keine Sorge, ich verspreche dir: Dein Wunsch soll in Erfüllung gehen. Du bist eine echt starke Frau!" Er selber wurde in Rut 2,1 (im hebräischen Grundtext gleichlautend) als „tüchtiger Mann" (GNB) gekennzeichnet – an diesem vom Erzähler bewusst gesetzten Akzent, diesem Gleichklang merkt man wieder: Rut und Boas, die beiden passen wirklich gut zusammen. Die begegnen sich auf Augenhöhe, sie wären ein ideales Powerpaar ...

Leider ist die Angelegenheit dann doch etwas komplizierter. (Jede gute Geschichte braucht Komplikationen, die gelöst werden müssen.) Eine überraschende Wendung führt den Spannungsbogen wieder in die Höhe: Rut forderte von Boas, wie oben dargestellt, eine eigenwillige Kombination aus Lösung und Leviratsehe. Jetzt stellt sich heraus: Es gibt in Bethlehem einen Mann, der ein noch engerer Verwandter ist – der hat sozusagen ein „Vorkaufsrecht" – „nicht auf Rut, sondern auf einen Acker, der mit dran hing, aber beides ließ sich nicht trennen".[90] Vielleicht orientiert sich die Reihenfolge der Zuständigkeit beim Lösen formal an der Erbfolge;[91] je näher man verwandt ist, desto höher ist die Pflicht – bzw. das erste Zugriffsrecht.

Puh, jetzt wird es dann doch arg formaljuristisch. Das wird der pragmatischen Rut vermutlich nicht besonders geschmeckt haben. Boas, selber ein eher entfernter Verwandter, sagt: „Ich muss zuerst den anderen fragen, ob er will. Wenn der nicht will, löse ich dich!" Er ist also grundsätzlich durchaus bereit, Rut zu lösen, muss aber diese Schwierigkeit zunächst aus dem Weg räumen.

Diese Information „bringt das zuvor so klare und eindeutige Geschehen wieder in eine Schwebe"[92] – (wobei der aufmerksame Leser schon Rut 2,20 den Hinweis entnehmen konnte, dass Boas von Noomi als „*einer* von unsern Lösern" bezeichnet wird, es also noch mindestens einen daneben geben muss).

Aber Boas nimmt jetzt das Heft in die Hand: „Ich kläre das gleich morgen früh – und bis dahin bleibst du einfach hier." Was für eine schöne, diskret umrissene Szene: Rut schläft ein, untergeschlüpft unter Boas' Decke. Das Ganze ist nicht so anrüchig, wie man denken könnte – die beiden schlafen nebeneinander, sie schlafen nicht zusammen (erst in Rut 4,13, nach der Hochzeit, da ist der biblische Bericht ganz penibel, wird berichtet, dass die beiden sich auch sexuell näherkommen).

Boas ist hier ganz Gentleman: Er nutzt die heikle Situation und ihre Bedürftigkeit nicht aus. Rut hat sich weit herausgewagt, ihn angesprochen, sich ihm geöffnet. Und er fühlt sich dadurch geehrt. Er nimmt Rut unter seine Decke, er breitet den Saum seines Gewandes über sie. Rut findet Ruhe in den Armen von Boas, untergeschlüpft unter seine Decke – und damit unter Gottes Flügel. Bei Boas nachts auf der Tenne wird es greifbar, dass Rut bei Gott Geborgenheit und Nähe findet. Sie hat ihren Platz gefunden.

Es fällt übrigens auf, dass Rut jetzt nicht mehr wie in den ersten Kapiteln (1,22; 2,2.6.21) als „Moabiterin" gekennzeichnet wird oder sich selbst als solche bezeichnet. Sie fühlt sich schon längst als Israelitin. Doch sie ist wie dargestellt darauf angewiesen, dass Boas und andere Bewohner Bethlehems ihre Sichtweise teilen.[93] Die Sache ist auf einem guten Weg; Rut „ist dabei, sich von ihrer Herkunft zu lösen und in Juda aufgenommen zu werden".[94] „Außer in 4,5 und 4,10, wo aus rechtlichen Gründen eine möglichst präzise Angabe nötig ist, wird Rut von nun an nicht mehr ‚die Moabiterin‘ genannt, sondern einfach nur noch ‚Rut‘.“[95]

> Da blieb sie an seinem Fußende liegen bis zum Morgen. Doch bevor einer den anderen erkennen konnte, stand sie auf, denn er sagte sich: Es soll nicht bekannt werden, dass eine Frau auf die Tenne gekommen ist!
> Und er sagte: Gib das Umschlagtuch her, das du umhast, und halte es auf! Und sie hielt es auf, und er maß sechs Maß Gerste ab und lud es ihr auf. Dann ging er in die Stadt. (Rut 3,14.15)

In aller Frühe steht Rut auf. Boas will nicht, dass einer aus Bethlehem etwas sieht und auf falsche Gedanken kommt. Er gibt Rut zum Abschied großzügig Gerste mit von dem Getreidehaufen, den er eigentlich in der Nacht bewachen wollte. Er schenkt ihr „sechs Gerste“ (der hebräische Grundtext nennt keine Maßeinheit), vermutlich um die 25–30 kg, und packt ihr – „mit schönen Grüßen an die Schwiegermutter“ – diesen Vorrat in ihr Umschlagtuch. Das war ein Vorrat für mehrere Wochen.[96]

Boas geht in die Stadt, um das identifizierte Problem zu klären. Auch Rut geht zurück zu Noomi – mit dieser schönen Last und vermutlich innerlich noch ziemlich durcheinander von dem

Erlebten. Ob Noomi viel Schlaf gefunden hat in der Nacht? Sie wartete vermutlich gespannt auf Ruts Bericht.

> Sie (Rut) aber kam zu ihrer Schwiegermutter. Die sagte: „Wie steht es mit dir, meine Tochter?" Und sie berichtete ihr alles, was der Mann ihr getan hatte, und sagte: „Diese sechs Maß Gerste gab er mir, denn er sagte zu mir: ‚Du sollst nicht mit leeren Händen zu deiner Schwiegermutter kommen.'" Da sagte sie: „Bleib zu Hause, meine Tochter, bis du erkennst, wie die Sache ausfällt! Denn der Mann wird nicht ruhen, es sei denn, er habe die Sache heute zu Ende geführt." (Rut 3,16–18)

Rut kehrt zu ihrer Schwiegermutter zurück. Die fragt ganz ungeduldig: „Und? Wie ist es gelaufen?" Wörtlich übersetzt sagt sie: „Wer bist du, meine Tochter?" Sie fragt also „nach einer neuen, veränderten Identität der Rut",[97] nach ihrem möglicherweise veränderten (Beziehungs-)Status.

Rut informiert Noomi über die neuesten Entwicklungen. Sie erzählt – sicherlich immer noch aufgeregt –, was passiert ist, bis hin zum Abschiedsgeschenk: „Hier, die Gerste hat Boas mir mitgegeben. Mit schönen Grüßen an dich!"

Noomi reagiert ganz sachlich: „Wir halten jetzt die Füße still und warten einfach mal ab. Das läuft. Der wird das jetzt unmittelbar in die Hand nehmen." Deutlich wird aber eine große Erwartungshaltung: „Noch heute" wird Boas das laut Noomi klären. Und auch wenn es dieser initiativen Frau vielleicht schwerfällt, Rut wartet mehr oder weniger geduldig ab. Sie vertraut ihm. Ihr Schicksal liegt nun in seinen Händen.

IMPULS FÜR HEIMATSUCHENDE

Rut ist sehr mutig und fordert Boas auf, nicht nur von Gottes Segen zu reden, sondern ihn weiterzugeben. Sie hält nicht hinterm Berg mit ihren konkreten Wünschen. Manchmal wünschte ich mir, die Besucher unserer Gottesdienste würden genauso klar aussprechen, was sie wirklich brauchen.

Rut macht Mut, Wünsche und Bedürfnisse sehr konkret zu äußern! Gemeinden wissen nicht immer, welche Bedürfnisse Menschen haben, die zu ihnen kommen. Klar, manchmal wissen das Betroffene selber nicht ganz genau. Erstaunlich häufig haben aber Fragende und Suchende zumindest eine ungefähre Vorstellung davon, was jetzt eigentlich der nächste Schritt sein müsste. Es hilft, das klar zu äußern.

„Was möchtest du von mir?", fragt Jesus den blinden Bartimäus (Markus 10,51; NGÜ). Er soll artikulieren, was ihm auf der Seele brennt. Er soll es aussprechen, er soll Jesus als seinen Ansprechpartner direkt adressieren.

111

Ich möchte dir, wenn du dich auf den Weg gemacht hast, erste Kontakte zu einer Gemeinde geknüpft hast, dich eventuell schon länger im Dunstkreis einer Gemeinde bewegst, aber mehr willst, Mut machen: Sag deiner (zukünftigen) Gemeinde, was du brauchst. Rut war sehr direkt mit ihrem Wunsch. Aber sie rannte bei Boas offene Türen ein. Ruts Bedarf passte genau auf Boas' Möglichkeiten. Boas war bereit, Ruts Wunsch zu erfüllen, weil er ihr Ziel unterstützte.

Gut möglich, dass du dich bereits fest mit Gott verbunden weißt, aber eine Verbindung zur Gemeinde bislang nicht wirklich zustande kam. Oder du merkst, dass du dich zwar in der Gemeinde ziemlich wohlfühlst, aber bisher zu Gott selbst überhaupt keine direkte und persönliche Beziehung aufbauen konntest. Es mag sein, dass du es genießt, als Gast in der Gemeinschaft der Gläubigen immer willkommen zu sein – aber noch lieber als Familienmitglied selber dazugehören würdest. Dann suche das Gespräch mit Menschen, die dir weiterhelfen können!

Auf Seite 114 findest du ein kleines Rückmeldeformular. Wenn du in dir so einen Herzenswunsch hast wie Rut, wenn du ahnst, was der nächste Schritt auf deinem Weg des Glaubens sein müsste – dann solltest du diesen Wunsch der Gemeinde, zu der du Anschluss suchst, klipp und klar übermitteln.

Vielleicht brauchst du es, dass dich mal einer zum Essen einlädt und mit dir ins Gespräch kommt. Vielleicht wünschst du dir jemanden, der ein paar Fragen zur Bibel beantwortet. Oder du suchst jemanden, der mit dir betet und ein paar Sachen klärt? Eventuell möchtest du dich taufen lassen – oder erst einmal genauer erfahren, was es mit der Taufe so auf sich hat. Vielleicht willst du unterschlüpfen und formal Mitglied werden, um deine faktisch schon vorhandene Zugehörigkeit auszudrücken. Ob du eine Aufgabe suchst, um eingebunden zu sein, zu einer Kleingruppe gehören möchtest oder einen Glaubensgrundkurs besuchen möchtest: Wenn du weißt, dass eine Sache dir helfen würde, einen großen Schritt weiterzukommen, dann schreib diesen Wunsch auf und gib den kleinen Zettel bei den Verantwortlichen der Gemeinde, zu der du Kontakt hast, ab.

Die Verantwortlichen der Gemeinde werden sicher nicht alle Wünsche auf Anhieb erfüllen können – aber wenn sie um deine Bedürfnisse gar nicht wissen, ist es noch unwahrscheinlicher, dass sie in Erfüllung gehen. Vielleicht rennst auch du mit deinem Wunsch offene Türen ein! Es ist für beide Seiten hilfreich und klärend, Herzenswünsche, Hoffnungen und Erwartungen konkret auszusprechen.

Was fehlt dir noch, damit du ganz ankommst unter Gottes Flügeln, damit du Heimat findest bei Gott? Welchen Wunsch hast du an Gott? Welche Erwartungen hast du an die Gemeinde?

Jesus sagt: Kommt her zu mir, alle ihr Mühseligen und Beladenen! Und ich werde euch Ruhe geben.
   (Matthäus 11,28)

Liebe Verantwortliche der...
[Name der Kirche/Gemeinde],

*ich suche Heimat bei Gott. Ich möchte im Glauben und
in der Gemeinde Sicherheit, Zugehörigkeit und Geborgenheit erleben.*

Mir würde es enorm weiterhelfen, wenn ...

....

....

....

☐ Nur dass ihr das wisst.

☐ Bitte kontaktiert mich, damit wir darüber ins
Gespräch kommen können!

Name: ....

Telefon: ....

E-Mail: ....

Wenn es dir hilft, kannst du diesen Rückmeldeabschnitt ausfüllen und bei den Verantwortlichen einer Gemeinde abgeben, mit der du bereits in Kontakt stehst oder näher in Kontakt kommen möchtest.

ANGEKOMMEN

Heimat ist kein einsamer Ort.
Sie will geteilt sein.
Sie lebt von den Menschen,
die sie gemeinsam lieben.
Renate Zöller[98]

Wenn ich [...] weiß, was Heimat für
mich bedeutet, mir meiner Familie und
meines Zuhauses sicher bin, kann ich
dieses Gefühl auch teilen, ohne Angst zu
haben, dass es mir jemand wegnimmt.
Simone Egger[99]

Das Buch Rut kommt im vierten Kapitel zum großen Finale. Auch zu einem Happy End? Zur Erinnerung: Die gebürtige Moabiterin Rut will Heimat finden in Gottes Volk, in Gottes Nähe. Heimat steht für einen Ort der Sicherheit, Vertrautheit und Geborgenheit. Heimat steht für den Ort, wo man hingehört, wo man zur Ruhe kommt.

Rut ist eigentlich als Moabiterin bezogen auf Gottes enge Beziehung zum Volk Israel eine Außenstehende. Aber sie macht sich auf den Weg, setzt ihr Vertrauen auf den Gott Israels. Sie trifft die Entscheidung, mit ihrer Schwiegermutter Noomi zu gehen, die nach Bethlehem zurückkehrt (Rut 1). In Juda lernt Rut Boas kennen – ihm gehört das Feld, auf dem sie liegen gebliebene Ähren aufsammelt, um ihr Überleben zu sichern. Boas ist beeindruckt von Rut – er lädt sie ein. Er macht ihr Mut, den Weg mit Gott weiterzugehen. Rut will – Boas versteht es auf Anhieb – unter Gottes Flügel schlüpfen (Rut 2). Dann nimmt Rut allen Mut zusammen, sucht Boas nachts auf, um ihm auf sehr romantische Art deutlich zu machen, was ihr jetzt weiterhelfen würde: „Nimm mich unter deine Decke, nimm mich zur Frau!" Und Boas sagt: „Nichts lieber als das!" (Rut 3).

Im vierten und letzten Kapitel geht es nun darum, wie die Zugehörigkeit der gebürtigen Moabiterin Rut zu Gottes Volk endgültig umgesetzt und gesichert wird. Dass Boas Rut sehr mag, ist schön und gut. Doch das allein reicht nicht. „Es bedarf auch der rechtlichen Regelungen, um Ruth in Bethlehem Heimat zu geben. Es reicht nicht, die Fremden zu lieben [3. Mose 19,34]; es bedarf auch des Rechts, das ihr Leben in einer neuen Heimat sichert. […] Beides gehört zusammen, wenn Fremde Heimat finden sollen."[100]

Wenn man den Grundgedanken des Rut-Buches, Heimat bei Gott zu finden, auf unsere heutige Situation überträgt, entdeckt man viele Parallelen. Immer noch gilt: Wenn Menschen sich von Gott angesprochen fühlen, wenn Menschen ihr altes Leben, ihre bisherige Identität, ihre alten Sichtweisen und Gewohnheiten hinter sich lassen wollen, um im Glauben Heimat zu finden – dann schafft Gott „zufällige" Begegnungen, die sie weiterbringen. Gott führt Heimatsuchende in Kontakt mit Menschen, die bereits im Glauben beheimatet sind und damit zu Gottes Volk gehören.

Aber ob Menschen, die eine geistliche Heimat suchen bei Gott – im Glauben, in der Gemeinde –, diese wirklich finden, hängt auch davon ab, wie sie aufgenommen werden. Heimatsuchende sind angewiesen auf Menschen, die sie in ihrem Anliegen unterstützen. Das vierte Kapitel des Rut-Buches stellt uns zwei Alternativen vor: ein Baustein in Gottes Handeln zu sein – oder letztlich bedeutungslos zu sein.

Also: Wie geht die Rut-Geschichte denn jetzt aus? Boas hatte gesagt (Rut 3,12): „Ich würde dich ja auf der Stelle heiraten – wir haben nur ein kleines Problem: Das soll eine Löser-Ehe werden… und es gibt einen, der sozusagen das erste Zugriffsrecht hat. Der ist näher mit der Sippe deines verstorbenen Mannes verwandt. Das müssen wir klären." Und Boas geht die Klärung dieser Angelegenheit zielstrebig an.

> Boas aber war zum Tor hinaufgegangen und hatte sich dort hingesetzt. Und siehe, der Löser kam vorbei, von dem Boas geredet hatte. Da sagte er: „Komm herüber, setze dich hierher, du Soundso!" Und er kam herüber und setzte sich. Und Boas nahm zehn Männer von den Ältesten der Stadt und sagte: „Setzt euch hierher!" Und sie setzten sich. Und er sagte zu dem Löser: „Das Feldstück, das unserem Bruder Elimelech gehörte, will Noomi, die aus dem Gebiet von Moab zurückgekehrt ist, verkaufen. Da habe ich nun gedacht, ich will es deinem Ohr eröffnen und vorschlagen: Erwirb es im Beisein derer, die hier sitzen, und im Beisein der Ältesten meines Volkes! Wenn du es lösen willst, löse! Wenn du es aber nicht lösen willst, dann teile es mir mit, damit ich es erkenne! Denn außer dir ist niemand zum Lösen da, und ich komme erst nach dir." Er sagte: „Ich will es lösen." (Rut 4,1–4)

Boas will rasch eine Entscheidung herbeiführen. Also organisiert er eine offizielle Verhandlung. Dazu ist kein großer Vorlauf nötig, Boas setzt sich einfach in das Stadttor. Weil durch das Tor die Leute die kleine Stadt Bethlehem verlassen und betreten, kann Boas hier auch Menschen gut abpassen. Prompt (wieder so ein Zufall wie in Kapitel 2…) läuft auf einmal der andere potentielle Löser vorbei. „Du kommst grad wie gerufen!", könnte Boas gesagt haben – „und nach allem Bisherigen dürfen wir getrost hinzufügen: von Gott gerufen!"[101]

Und die Verhandlung im Tor beginnt. Man muss wissen: Das Tor war mehr als nur zwei Torflügel aus Holz, eher ein öffentliches Gebäude und so das Zentrum des gesellschaftlichen Lebens. Man muss sich so ein Tor vorstellen als Gebäudekomplex „von Durchgängen, Räumen und Nebenräumen […], die teilweise mit Steinbänken ausgestattet waren. Hier wurde Recht gesprochen, Alltägliches verhandelt und Handel getrieben".[102] Das Tor ist nach heutigen Maßstäben also eine Mischung aus Marktplatz, Amtsgericht und Rathaus. Hier werden „alle öffentlich-rechtlichen Angelegenheiten der Ortsansässigen untereinander geregelt und verhandelt"[103] (vgl. etwa 5. Mose 21,18–21; 2. Samuel 15,2).

„Das Tor als Ort der Rechtsprechung und der Besprechung öffentlicher Angelegenheiten ist im Rutbuch gleichzeitig der Schwellenbereich, der über die Aufnahme der fremden Frau in die Orts- und Volksgemeinschaft entscheidet".[104] Dies geschieht allerdings nicht über eine Verhandlung ihrer Staatsangehörigkeit oder ihres Religionsübertritts, sondern über den Umweg der Heirat mit Boas bzw. über die kombinierte Anwendung der Löser/Levirat-Paragrafen. Bislang ist Ruts Wunsch, sich dem Gottesvolk anzuschließen, nur von Boas (und mit gewissen Einschränkungen von Noomi) anerkannt worden. Im Tor entscheidet sich nun, ob sie voll und ganz Aufnahme findet und als Teil der Gemeinschaft anerkannt wird.

Boas spricht den anonym bleibenden potentiellen Löser als „Du Soundso" an. Warum, sehen wir gleich: Sein Name spielt im weiteren Verlauf einfach keine Rolle. Boas organisiert schnell zehn Zeugen: Die hatten damals eine Funktion wie heute ein Notar (die ja eine Menge Geld erhalten für einmal Vorlesen und Unterschreiben, da war das damalige Vorgehen eigentlich ganz praktisch …).

Boas erklärt kurz, worum es geht: Noomi gehört(e) ein Feld. Das ist eine interessante Neuigkeit. Davon war in den ersten drei Kapiteln nicht die Rede! Äh, Moment: War nicht das eigentliche Thema, dass Boas Rut heiraten wollte? Hier geht es auf einmal um einen Grundstückstransfer, um Noomis Feld? Boas geht taktisch vor und „bringt mit Absicht die Nebensache vor der Hauptsache".[105]

Es muss also ein Grundstück geben, das Noomi und ihr Mann aus purer Not verkaufen oder verpfänden mussten, als sie nach Moab auswanderten, um Geld aufzutreiben für den Umzug und die Zeit, bis Elimelech wieder Arbeit und Brot gefunden hatte. Vielleicht möchte Noomi nun ihr Rückkaufsrecht nutzen. Möglicherweise sahen Noomi und Elimelech sich damals auch gezwungen, ihr Grundstück einfach zurückzulassen. Ob in der Zwischenzeit sich längst jemand nach dem Motto „Weggegangen, Platz vergangen" das zurückgelassene, brachliegende Grundstück unrechtmäßig angeeignet hat (vgl. 2. Könige 8,1– 6)?

Die Details bleiben unklar. Es wird auch nicht ganz klar, warum dann Noomi als *Verkäuferin* auftritt. Würde das Gesetz des Lösers (3. Mose 25,23ff) im strengen Sinne angewendet, würde sich die Situation eigentlich folgendermaßen darstellen: Elimelechs Witwe Noomi hätte nun das Rückkaufsrecht. Da sie mittellos ist, würde der nächste Verwandte das Rückkaufsrecht für sie einlösen können. Und wenn es ein Rückkauf wäre, müsste der *bisherige* Grundstücksbesitzer das Geld erhalten. Das lässt sich nicht mehr ganz auflösen, das bleibt im Unklaren. Hier und an anderen Stellen werden die Paragrafen des

Alten Testaments recht geschmeidig, flexibel und an die jeweilige Situation angepasst interpretiert.

Dass kein Verkaufspreis genannt wird, liegt vermutlich daran, dass die Gegenleistung des Käufers darin bestand, in Form einer „Leibrente" die Altersversorgung Noomis sicherzustellen, sprich: für ihren laufenden Lebensunterhalt zu sorgen.

Der andere potentielle Löser wird jedenfalls hellhörig – er könnte Land kaufen? Das klingt doch gut. Er spielt die Situation durch: Würde er das Nutzungsrecht erwerben, müsste er nur Noomis Versorgung sicherstellen. Nach ihrem Tod ginge das Grundstück, da von ihr kein Nachwuchs mehr zu erwarten ist (Rut 1,12), endgültig in seinen Erbbesitz über. Er könnte also verhältnismäßig leicht seinen Besitz ausweiten.

Boas reißt den Namenlosen aus seinen Gedanken und fragt: „Was ist jetzt, willst du von deinem Recht als Löser Gebrauch machen oder nicht? Wenn du nicht willst, mache ich es." Und der andere antwortet: „Doch, schon; ich mache das!" Seine Überlegung: „Ich kann auf ein Feld zugreifen, meinen Grundbesitz vergrößern? Ich wäre ganz schön dumm, wenn ich das nicht nutzen würde. Selbst wenn ich dann Noomi bis an ihr Lebensende versorgen muss – die ist ohnehin nicht mehr die Jüngste." So wie man bei Zwangsversteigerungen oft günstige Preise erzielen kann, hofft der andere Löser hier wohl auch auf ein Schnäppchen. Wer ist er überhaupt? Er bleibt völlig gesichtslos! Er fragt offensichtlich nur danach, was für ihn vorteilhaft ist.

„Oh Mann!", denkt der Leser. Das hätte man anders erwartet. Schade – doch kein Happy End zwischen Rut und ihrem „Prinzen" Boas? Die passen doch so gut zusammen! Die Geschichte baut wieder Spannung auf! Bei einer Fernsehserie wäre das jetzt der Punkt, wo erst einmal Werbung kommt, weil man nun garantiert nicht umschaltet – ein echter Cliffhanger.

Unklar bleibt, ob Boas jetzt von dieser Entwicklung überrascht ist oder ob er das alles einkalkuliert hat und geschickt sein Pokerface wahrt. Er legt nach mit Details, mit dem Kleingedruckten: Noomis Feld und die Witwe Rut gibt es nur im Paket.

> Da sagte Boas: „An dem Tag, da du das Feld aus der Hand Noomis erwirbst, hast du auch die Moabiterin Rut, die Frau des Verstorbenen, erworben, um den Namen des Verstorbenen auf seinem Erbteil neu erstehen zu lassen."
> (Rut 4,5)

Der andere erfährt jetzt erst, dass die Moabiterin Rut Bestandteil des Pakets ist; sie gehört als

Zusatzbedingung mit zum Deal. Boas hebt zielstrebig die „‚Messlatte' der Solidarität schubweise an".[106] Der letzte Satz macht die Tragweite der Entscheidung deutlich: Der Löser, wer immer es auch wird, soll Noomis Feld erwerben und mit Rut anstelle ihres verstorbenen Mannes einen Sohn zeugen. Diesem Sohn „wird später das Feld zufallen, damit der Name des Verstorbenen auf dessen Erbbesitz" weiterlebt (Rut 4,5; GNB). Es handelt sich um eine Leviratsehe: In der nächsten Generation fällt das „gelöste" Grundstück an Ruts Sohn.

Die Institution des Lösens wird also wieder untrennbar verknüpft mit der Schwagerehe. Boas stellt die Situation so dar, als ob Lösung und Leviratsehe nur zusammen umsetzbar seien.[107] Er übernimmt damit Ruts Interpretation der Rechtslage, weil er ihren Lösungsvorschlag schlüssig und passend findet. (Seine Zuneigung zu Rut verschweigt er dagegen in der Verhandlung diskret...)

Hinter Boas' Erläuterung steckt eine klare Ansage: „Lieber Soundso, es geht doch hier und heute nicht darum, deinen Grundbesitz zu vergrößern – es geht um einen jungen Menschen, der eine neue Perspektive braucht. Und um eine alte Frau, die Versorgung nötig hat." Da ist für

Mister X die Verhandlung schnell beendet. Das kommt für ihn gar nicht in Frage!

> Da sagte der Löser: „Dann kann ich es für mich nicht lösen, sonst richte ich mein eigenes Erbteil zugrunde. Übernimm du für dich meine Lösungspflicht, denn ich kann wirklich nicht lösen!" Früher nun galt in Israel für ein Loskaufverfahren oder für ein Tauschgeschäft, wenn man irgendeine Sache bestätigen wollte, dies: Der eine zog seinen Schuh aus und übergab ihn dem anderen; und das galt als Bezeugung in Israel. Als nun der Löser zu Boas sagte: „Erwirb es dir!" – zog er seinen Schuh aus. (Rut 4,6–8)

Der andere Löser überschlägt gedanklich noch einmal kurz das Kosten-Nutzen-Verhältnis: Das Land kaufen und dafür die alte Witwe Noomi versorgen – das hätte sich noch gelohnt. Ihre Lebenserwartung ist überschaubar, also auch die Kosten ihrer Altersversorgung. Wenn es nur um das Feld ginge – das würde er wohl gerne kaufen.

Aber unter den Bedingungen, die Boas zuletzt skizziert hat, macht das für Herrn Soundso keinen Sinn … Es kostet ihn zu viel: Er müsste nicht nur das Feld kaufen, sondern auch Noomi und Rut versorgen. Wenn er tatsächlich auch Rut heiraten müsste – dann bliebe für ihn selbst nur ein zeitlich begrenztes Nutzungsrecht am Feld. Im Rahmen der Schwagerehe war es ja seine Aufgabe, stellvertretend für den verstorbenen Mann ein Kind zu zeugen – damit die ursprüngliche Familienlinie weiterlebte. Entsprechend würde der erste Sohn juristisch als Kind von Machlon, Ruts verstorbenem ersten Mann, gelten. Der würde einen Haufen Unterhalt verschlingen und dann, wenn er volljährig würde, das Feld erben. Und weg wäre es. Ihm bliebe also nur die Nutzung des Feldes für etwa 15–20 Jahre – abzüglich der Ausgaben für Noomi, Rut und eventuelle Kinder.

Der andere Löser sagt sich: „Das rechnet sich für mich doch nicht!" Das ist es ihm nicht wert. Rut ist es ihm nicht wert. Er zieht sich zurück aus der Geschichte. Das mögliche „Geschäft" bringt ihm nichts. Am Ende zahlt er sogar noch drauf! Er verzichtet. Er steigt aus dem Geschäft aus, weil er den Besitz und das Erbe seiner eigenen Familie nicht in Gefahr bringen will. Man merkt: Das Eigeninteresse steht bei ihm klar im Zentrum.

Interessant, „dass der nähere Verwandte versuchte, seinen Namen und sein Erbteil zu schützen – aber wir wissen noch nicht einmal, wer er war oder was mit seiner Familie geschah!"[108] Er ist und bleibt bedeutungslos. Dass er für immer namenlos bleibt, fällt gerade in einem Kapitel auf, das sich durchgehend um Namen dreht.[109] Das wirkt ein wenig wie die Höchststrafe, in einem solchen auf Namen achtenden Kontext (siehe dazu Anhang 1) namenlos zu bleiben …

Vers 7 erläutert die Symbolik, mit der der andere Löser offiziell auf sein Erstzugriffsrecht verzichtet: Er zieht einen Schuh aus und gibt ihn Boas. Wenn sich heutzutage Verhandlungspartner einig geworden sind, wird die Vereinbarung per Handschlag oder Vertragsunterschrift rechtskräftig. Damals gab es eine feierliche Schuhübergabe vor Zeugen. Auch an anderen Stellen des Alten Testaments steht der Fuß bzw. der Schuh, mit dem man über Land schreitet, symbolisch für die Besitzergreifung eines Territoriums (1. Mose 13,17; 5. Mose 11,24; Josua 1,3; Psalm 60,10) – „umgekehrt bezeichnet das Ausziehen des Schuhes Verzicht auf Besitz".[110]

Ich frage mich: Was macht man danach als Vertragspartner mit diesem einen Schuh, der auch nicht zwingend die richtige Schuhgröße hat? Kein Wunder, dass im Lauf der Jahre rasch „die schriftliche Bestätigung an die Stelle der symbolischen getreten"[111] ist, das Verfahren war nicht wirklich praktikabel… Das geschilderte Ritual war bereits zu der Zeit, als die Rut-Geschichte ihre Gestalt erhielt, „eine veraltete Zeremonie",[112] sonst wäre sie hier dem Leser nicht erläutert worden.

Der andere Löser macht durch diese Geste den Weg frei für Boas, dem es weniger um das Feld geht als vielmehr um Rut. Boas denkt nicht nur an sich – er ist großzügig, weil er sich selbst als Beschenkten sieht. Boas – dieser Eindruck drängt sich auf – fühlt sich beschenkt durch sein bisheriges Leben und ganz aktuell sogar beschenkt durch Rut. Für Boas und Rut ist die „Löser-Ehe" eine Win-Win-Situation. Für ihn ist das keine Pflicht, sondern eine Ehre, Rut und ihrer Schwiegermutter aus der Patsche zu helfen. Boas macht sofort Nägel mit Köpfen: Er will Rut die „Ruhe" schenken, die Noomi ihr gewünscht hatte (Rut 1,9; 3,1).

Da sagte Boas zu den Ältesten und zu allem Volk: „Ihr seid heute Zeugen dafür, dass ich aus der Hand Noomis hiermit alles erworben habe, was dem Elimelech, und alles, was Kiljon und Machlon gehört hat.

Somit habe ich mir auch Machlons Frau, Rut, die Moabiterin, als Frau erworben, um den Namen des Verstorbenen auf seinem Erbteil neu erstehen zu lassen, damit nicht der Name des Verstorbenen ausgerottet wird aus dem Kreis seiner Brüder und aus dem Tor seines Heimatortes. Ihr seid heute Zeugen!" (Rut 4,9.10)

Der namenlose näher verwandte Löser hätte lösen, also das Grundstück erwerben und Rut heiraten können, aber er wollte nicht. Jetzt kann

Boas zugreifen – er will. Und wie er will! Boas löst sein Versprechen ein, das er Rut gegeben hat (Rut 3,13). Er möchte Liebe und Güte wirksam werden lassen, ihm geht es nicht um persönlichen Profit.[113] Boas ist so etwas wie die heimliche Hauptfigur des Buches. Sein Name wird insgesamt 20 Mal erwähnt, Rut nur 12 Mal!

„Ihr seid Zeugen": Boas bittet um die explizite Zustimmung der Zeugen, damit die Angelegenheit rechtsverbindlich wird. (Heute würde das, wie gesagt, ein Notar erledigen.) Boas ist sehr bemüht, ordnungsgemäß zu handeln und keinen Verfahrensfehler zu machen. Von der Zahlung eines Kaufpreises ist keine Rede, bezogen auf Noomi tritt die Unterhaltspflicht an die Stelle des Kaufpreises.[114]

Jetzt ist Boas stolzer Besitzer eines weiteren Feldes, einer jungen Frau – und einer gebrauchten Sandale, die aber eher symbolischen Wert hat.

Und alles Volk, das im Tor war, und die Ältesten sagten: „Wir sind Zeugen! Der HERR mache die Frau, die in dein Haus kommt, wie Rahel und wie Lea, die beide das Haus Israel gebaut haben! Und gewinne du Vermögen in Efrata, und dein Name werde gerühmt in Bethlehem! Und von den Nachkommen, die der HERR dir von dieser jungen Frau geben wird, soll dein Haus wie das Haus des Perez werden, den Tamar dem Juda geboren hat!" (Rut 4,11.12)

Die umstehenden Zeugen bestätigen die Vereinbarung. „Wenn jemand einen Einspruch gehabt hätte, dann hätte er jetzt erfolgen müssen."[115] Da kein Einspruch erfolgt, ist Rut offiziell als vollgültige Israelitin akzeptiert und aufgenommen. Sie ist jetzt Boas' Frau, nicht mehr Machlons Witwe. Rut hat endgültig eine neue Identität erhalten; von der Moabiterin ist sie zur Israelitin geworden.

Die Umstehenden beglückwünschen Boas und (in Abwesenheit) Rut und äußern wohlwollende Segenswünsche. Rut wird mit den „großen Gestalten aus der Väterzeit verglichen",[116] genau genommen mit den großen Stamm-*Müttern*. Die Glückwünsche klingen sehr vielversprechend nach dem Motto: „Mit dir beginnt in Israels Geschichte ein neues, großes Kapitel." Rut wird gleichzeitig „zur Hoffnungsperspektive für ein erneuertes Israel",[117] denn „nicht jede Ehe hat die Bedeutung jener der Gründergenerationen".[118]

Damit wird ganz deutlich, dass Rut nicht mehr als Fremdkörper wahrgenommen wird, sondern voll und ganz akzeptiert wird als Teil des Volkes Gottes. Ähnlich wie später in Galater 3,7 („Daran müsst ihr doch erkennen, wer Abrahams Söhne und Töchter sind: Es sind die Menschen, die ihr Vertrauen auf Gott setzen!" NGÜ) wird im Buch Rut nicht die ethnische Abstammung als entscheidend angesehen, eher die ethische Ausrichtung:[119]

Die bewusste Bindung an Gott führt automatisch auch zu einer Verbindung mit seinen Leuten. Die Zugehörigkeit zur Gemeinschaft der „Einheimischen" entscheidet sich an der Zustimmung zu ihren Werten und Idealen, die individuelle jüdische Identität an der Identifikation mit den zentralen kollektiven Glaubensinhalten. Rut besteht diesen „Praxistest", sie kappt ihre bisherige Bindung an moabitische Götter und erweist sich in ihrer Zuwendung zu Gott und ihrem vorbildlichen Verhalten als „wahre Israelitin".

Rut wird verglichen mit Rahel und Lea, Jakobs Frauen, den Ahnfrauen der führenden Stämme Israels (vgl. 1. Mose 29–30; 35,18 – die Details, etwa die Rolle der Mägde, werden hier außen vor gelassen). Israel pflegte eine starke Verbindung zur Geschichte. „Wenn Israel segnet, dann zielt das gewiss auf kommende Tage – aber dann ist das erst recht nach rückwärts verankert und verklammert mit dem großen Gestern […]. Es wird alles eingeordnet in den großen Rahmen der Heilsgeschichte, der Geschichte Gottes mit den Menschen".[120]

Die Umstehenden sprechen auch Boas an:[121] Sie wünschen ihm: „Möge dein Name berühmt werden in Betlehem" (Rut 4,11; GNB). Das klingt fast wie die große Abraham-Verheißung in 1. Mose 12,2! Sie wünschen Boas dauerhaften Erfolg in Efrata (d. h. Bethlehem, vgl. 1. Mose 35,19; 48,7).

Einerseits könnte man sagen, dass Boas schon wohlhabend und gesellschaftlich etabliert, ja sogar anerkannt ist (Rut 2,1), der klangvolle Wunsch also auch ohne Rut bereits Realität ist.[122] Aber es würde andererseits auch zu kurz greifen, zu behaupten, dass von der Liaison lediglich Rut profitieren würde. Rut wird als ideale Gläubige dargestellt, die jede Familie „schmückt" und aufwertet. Und später zeigt sich, dass sich der Segenswunsch bei Boas noch auf ganz andere Weise erfüllt: Nach Micha 5,1 ist Bethlehem nämlich die Stadt, in der der Messias, Jesus Christus, geboren werden sollte. Und selbst damit hat Boas etwas zu tun …

Die Umstehenden wünschen Boas, dass seine Frau so bedeutsam werden soll wie Perez, der Sohn von Tamar und Juda. Uns sagen die Namen vielleicht nicht so viel – damals in Juda waren sie allen ein Begriff (vgl. 1. Mose 38,29; 1. Chronik 2,4f; Matthäus 1,3), weitergegeben von einer Generation zur nächsten. Wir kennen das aus dem Fußball. Jeder HSV-Fan kann auch nach Jahrzehnten noch etwas mit dem Namen Uwe Seeler anfangen. Und wenn man heute einem zehnjährigen Straßenkicker im Bayerntrikot sagen würde: „Du wirst mal wie Gerd Müller!", dann ist ihm zumindest klar, dass er mit einem ganz Großen verglichen wird.

Die gebürtige Moabiterin Rut hat jetzt auf einmal andere Bezugspunkte. Ihr werden andere Vorfahren und Vorbilder wichtig, weil ihre eigene Biografie eingewebt wird in die Biografie des Volkes Gottes. Man merkt: Hier ist ihre vollständige Integration vollzogen. Und Ruts Leben erhält durch den veränderten Kontext eine andere Deutung, es wird jetzt eingeordnet als ein Teil der umfassenden Geschichte Gottes mit seinem Volk. Die Erinnerungen des Volkes Israel werden ihre. („Die Heimat ist der Ort der gehäuften Erinnerung", formuliert Fulbert Steffensky treffend…[123]) Wer im Glauben Heimat findet, erkennt rasch, dass es vor ihm schon viele gab, die das Gleiche erlebt haben, denen Gott wichtig war.

IMPULS FÜR IM GLAUBEN BEREITS BEHEIMATETE

Wir heutigen Mitteleuropäer haben oft eine völlig individualistische Sicht – als ginge Gottes Geschichte erst mit uns richtig los. Ein Jude dachte da per se anders; da war die individuelle Identität sehr eng verknüpft mit der kollektiven. Wenn wir unsere persönliche Gottesbeziehung isoliert und losgelöst betrachten, berauben wir uns eines großen Erfahrungsschatzes. Wir sind nicht die Ersten, die Gott erleben. Wir sind nicht die Ersten, die in der Bibel lesen. Wir sind nicht die Ersten, die Gemeindeleben gestalten.

Wer sich ein bisschen in der Kirchengeschichte auskennt, bleibt eher davor bewahrt, in Fallen zu tappen, die schon vielen vor einem zum Verhängnis geworden sind, zum Beispiel was theologische Extrempositionen betrifft. Die meisten gab es schon einmal in vergangenen Epochen, die entsprechenden Folgen lassen sich nachvollziehen …

Das gilt auch in kleinerem Rahmen: Wer ein wenig im Bilde ist bezüglich der Geschichte seiner Gemeinde, kann mithilfe vergangener Stationen die aktuelle Situation besser einordnen. In meiner Gemeinde erhält jedes neue Mitglied ein Heft mit einer bebilderten Gemeindechronik; letztes Jahr haben wir die wesentlichen Daten und Ereignisse komprimiert in einem großen Bilderrahmen im Foyer aufgehängt.

Wer sich in der Gemeindegeschichte auskennt, wird dankbar, dass andere vor ihm Gottes Reich gebaut haben. Das Wissen um die Vergangenheit hilft, die Gegenwart zu verstehen. Das Bewusstsein, dass Vorgänger, Vorläufer mutige Schritte wagten, macht auch uns Mut, weiterzugehen.

Sehen wir uns im größeren Zusammenhang von Gottes Geschichte mit den Menschen? Wir sind ein kleines Glied in einer Segenskette. Wir sind ein kleiner Punkt in einer langen Linie, die lange vor uns begann – und auch nach uns noch weitergehen wird.

Und das Buch Rut, das tragisch mit drei Beerdigungen begann, endet mit einer Hochzeit:

So nahm Boas die Rut, und sie wurde seine Frau, und er ging zu ihr ein. Und der HERR schenkte ihr Schwangerschaft, und sie gebar einen Sohn.

Da sagten die Frauen zu Noomi: „Gepriesen sei der HERR, der es dir heute nicht an einem Löser hat fehlen lassen! Sein Name werde gerühmt in Israel! Und er wird dir ein Erquicker der Seele sein und ein Versorger deines Alters! Denn deine Schwiegertochter, die dich liebt, hat ihn geboren, sie, die dir mehr wert ist als sieben Söhne." Und Noomi nahm das Kind und legte es auf ihren Schoß und wurde seine Betreuerin. Und die Nachbarinnen gaben ihm einen Namen, indem sie sagten: „Ein Sohn ist der Noomi geboren!" Und sie gaben ihm den Namen Obed. Der ist der Vater Isais, des Vaters Davids. (Rut 4,13–17)

Rut wird auf einmal nicht mehr als „Moabiterin" bezeichnet, sondern als Boas' Frau (Rut 4,13). Im Rückblick erschließt sich ein roter Faden der fortschreitenden gesellschaftlichen Integration:[124] Rut ist nun nicht mehr die Außenstehende, die Fremde (Rut 2,10). Sie ist nicht mehr niedriger als eine untergeordnete Sklavin (Rut 2,13). Sie ist nicht mehr nur eine Magd (Rut 3,9). Ihr sozialer Status stieg parallel zu ihrer Integration in die israelitische Gesellschaft.[125] Jetzt, durch diese Heirat, ist Rut als Ehefrau voll und ganz integriert im Volk Israel, gehört ohne Wenn und Aber dazu. Auch ohne dass ihr formell eine Einbürgerungsurkunde überreicht wurde, steht ihre Zugehörigkeit nicht mehr in Frage. Sie ist jetzt wirklich angekommen unter Gottes Flügeln. Sie hat gefunden, was sie suchte: eine Perspektive, Sicherheit und Geborgenheit. Sie weiß jetzt, wo sie hingehört. Rut hat Heimat gefunden bei Gott und in seinem Volk.

In einem einzigen Satz Hochzeit, Schwangerschaft und Geburt. Jetzt läuft's! Ein kleiner Obed wird geboren. Und der zaubert der in Kapitel 1 noch ziemlich deprimierten und hoffnungslosen Noomi dauerhaft ein Lächeln aufs Gesicht. Der kleine Kerl ist ihre Rentenversicherung – so war das damals halt –, aber natürlich emotional deutlich mehr als das – einfach nur süß!

Was diese Veränderungen für eine Wirkung auf Noomi haben: Dieses kleine Kind wendet Isolierung, Perspektivlosigkeit und Zweifel („Bin ich von Gott gestraft?") ins Gegenteil: Sie verspürt Einbettung, Hoffnung und Gottvertrauen. Ihre Familienlinie wäre beinahe ausgestorben; jetzt wird ihr eine strahlende Zukunft geschenkt. Noomi hat zusammen mit Rut alle Ziele erreicht: Sie hat das verkaufte oder verpfändete Land zurückgewonnen, Boas hat den Familienbesitz gelöst. Und die nächste Generation, die das Land demnächst bewirtschaften soll, ist auch bereits auf der Welt. Obed wird die Familienlinie fortsetzen, das Erbe übernehmen. Noomi kann „die Deutung ihres Lebensschicksals von 1,13.20f gänzlich revidieren".[126]

Dass Rut schwanger werden würde, quasi gleich in der Hochzeitsnacht, war alles andere als selbstverständlich; mit ihrem ersten Mann hatte es immerhin ganze zehn Jahre lang nicht geklappt. Jetzt aber wird in der Schwangerschaft Gottes Segen sichtbar. Auch wenn die Akzeptanz ihrer Glaubensentscheidung zunächst eher zäh verlief – letztlich zeigt sich spätestens hier klipp und klar Akzeptanz durch den Allerhöchsten.

Was auffällt: Hier in Rut 4,13f taucht Gott erstmals explizit als handelnder Akteur auf (sieht man von der Bemerkung in 1,6 ab, die allerdings nur vom Hörensagen berichtet)! Man fragt sich ja als aufmerksamer Leser der Rut-Erzählung immer wieder: Wo bleibt denn eigentlich Gott in der ganzen Geschichte? Gott wird nur „sparsam als direkt eingreifend gezeichnet".[127] Gott blinzelte bisher nur zwischen den Zeilen hervor – bei all den vermeintlichen Zufällen sowie im Handeln der Akteure, die göttliche Gnade in ihrem Leben umsetzen und konkret werden lassen. Von Gott war meist nur indirekt die Rede, etwa bei den Segenswünschen oder Schwurformeln, bei denen auf ihn Bezug genommen wird.

Aber „an dieser entscheidenden Stelle tritt Jahwe aus der Verborgenheit heraus, aus der er bisher mehr im Hintergrund die Fäden gezogen hat".[128] Hier wird die positive Wendung von Noomis Lebensschicksal unmittelbar auf ihn zurückgeführt: „Der Herr ließ sie [Rut] schwanger werden" (Rut 4,13; GNB). „Der Herr sei gepriesen! Er hat dir [Noomi] heute in diesem Kind einen Löser geschenkt" (4,14; GNB).

Wie die Männergruppe eben im Tor, so fungiert auch hier die Frauengruppe „ähnlich wie im antiken Drama, als eine Art Chor, der die jeweilige Szene interpretiert, in ihrer Bedeutung vertieft und heilsgeschichtlich ausweitet".[129] Ihre Deutung: Die Frauen sehen hinter allem Gott am Werk!

Wie in einem Film, bei dem kurz vor dem Abspann in der allerletzten Szene noch einmal bedeutungsvoll die Kamera schwenkt und ein Detail in den Fokus rückt, das die ganze bisherige Handlung neu einordnet und erschließt, rücken die letzten Sätze des Rut-Buches hier den nach vorne, der bislang fast nur hinter den Kulissen gewirkt hat.

Noomi wird Tagesmutter des Kleinen (Rut 4,16). Ihr Enkelkind Obed wird (Rut 4,17) fast wie ihr eigener Sohn angesehen. Er wird (Rut 4,14) sogar als „Löser" tituliert – hier steht der Begriff aber nicht in seiner juristischen Bedeutung, an dieser Stelle steht Obeds aus der Not „erlösende" Wirkung im Fokus.

Es heißt ganz lapidar (Rut 4,17): „Sie gaben ihm den Namen Obed. Der ist der Vater Isais, des Vaters Davids." Der kleine Obed in seiner Windel – dem sieht man nicht gleich an, was aus ihm einmal werden wird. Das Baby wird wachsen und erwachsen werden und dann selbst einen Sohn bekommen: Isai. Obeds Enkel wird der König David sein. Das ist dem Erzähler so wichtig, dass er das ganz zum Schluss genauer ausführt:

> Und dies ist die Generationenfolge des Perez: Perez zeugte Hezron, und Hezron zeugte Ram, und Ram zeugte Amminadab, und Amminadab zeugte Nachschon, und Nachschon zeugte Salmon, und Salmon zeugte Boas, und Boas zeugte Obed, und Obed zeugte Isai, und Isai zeugte David. (Rut 4,18–22)

Diese Namensliste beeindruckt uns heutige Leser vielleicht nicht so richtig. Aber: Mit diesem Stammbaum, der historisch weit vor der Rut-Geschichte beginnt, wird ein Ausblick gewagt, hier wird zeitlich eine Brücke geschlagen bis hin zur Epoche der Königszeit. Implizite Aussage: Rut wird durch die endgültige Integration in das Volk Gottes Teil einer langen Geschichte – und diese Geschichte Gottes mit den Menschen ist noch nicht zu Ende. Mit ihr wird sie fortgeschrieben.

Der Stammbaum, mit dem das Rut-Buch endet, umfasst knapp neun Jahrhunderte. (Wobei er gekürzt und zeitlich gestrafft ist, er überspringt manche Stationen und enthält „nur symbolisch ausgewählte Vertreter",[130] sozusagen die Top Ten der Familienhistorie. In 1. Chronik 2,5–15 ist eine ausführlichere Liste zu finden.) Alles läuft auf den Namen zu, der wie kein anderer für die Epoche der Könige steht: David. Die Verknüpfung der Rut-Geschichte mit dem großen König David ist „die Krönung des Ganzen".[131] Als gebürtige Moabiterin wird Rut Urgroßmutter Davids. Indem das Buch Rut mit dieser Perspektive, mit dieser Aussicht verknüpft wird, wird das bisherige Geschehen in einen größeren Zusammenhang gestellt.

Solche Stammbäume „geben nicht einfach nur Namen weiter. Sie zeichnen die Spuren des Segens, die Jahwe in der Geschichte inkarniert hat. Zugleich machen sie deutlich, dass Jahwe sein Ziel Generation für Generation weiterführt. In der Genealogie wird Kontinuität sichtbar."[132]

Obed wird – so können wir heute die Reihe im Nachhinein mit Fug und Recht noch fortsetzen – zum Vorfahren des Messias, zum Vorfahren von

Jesus Christus. Ruts Geschichte ist damit Teil der Familiengeschichte Jesu. Ruts Leben wird für alle Zeiten eingeflochten in einen größeren Zusammenhang. Ihre Geschichte wird eingebettet in eine Geschichte mit weltweiter Bedeutung; in die Geschichte eines Erlösers, „der mehr als eine Familie erlöst hat".[133] In Matthäus 1,5, im Stammbaum Jesu, dieser sehr bedeutungsvollen Liste, sind die Namen Boas, Rut und Obed prominent enthalten!

Noomis und Ruts Familienlinie und ihr Familienname wären um ein Haar ausgestorben – und dann wird er doch, auch dank Boas' Beteiligung, über Jahrtausende bis heute weltweit bekannt. Eine ältere Frau, die ihren Bezug zum Glauben wiederfindet, eine frisch Bekehrte, die heimisch wird im Glauben, und ein alter Hase, der schon lange im Glauben beheimatet ist: Sie alle spielen eine relevante Rolle:

- Noomis Name ist verewigt in Gottes Geschichte mit den Menschen, weil sie sich nach Jahren wieder ganz Gott zuwendet und weil sie mit ihrem Heimweh auf sehr authentische Art ihre moabitische Schwiegertochter Rut ansteckt.

- Rut wird prägender Teil von Jesu Familiengeschichte, weil sie sich entscheidet, dem

Gott Israels zu vertrauen und unter seinen Flügeln Schutz zu suchen. Ihr Name hat heute noch einen hohen Bekanntheitsgrad, Rut hat heute noch Vorbildfunktion, weil sie zu Gottes Volk gehören will, mutig Chancen zur Integration nutzt und aktiv Schritte geht – und dabei selber Noomi gegenüber Gnade lebt. Sie erlebt Gottes Zuwendung – und durch sie wiederum wirkt Gott.

– Boas spielt eine Rolle von bleibender Bedeutung, weil er aus einer festen Beziehung mit Gott heraus lebt, weil er großzügig teilt, was er hat. Er sieht sich selbst als Beschenkter und sieht es sogar als Geschenk an, sein Leben mit Rut teilen zu können. Rut gegenüber gibt er Gottes Gnade weiter: Er übernimmt Verantwortung und breitet seine Flügel schützend über Rut. Gott wirkt durch ihn. Boas geht es um Liebe und Güte, nicht um Profit. Daher ist sein Name noch nach 3000 Jahren positiv konnotiert und jedem Bibelleser bekannt!

Der Name von Mr. NN ist dagegen längst vergessen. Weil es ihm in erster Linie um sich selbst ging, „verschwindet Soundso in der Anonymität".[134] Er bleibt farblos, namenlos, bedeutungslos – ein Niemand. Vielleicht wird er noch zur

Hochzeit von Rut und Boas eingeladen, spätestens danach ist er völlig raus aus der Geschichte. „Soundso" bringt sich „um jede Chance, seinen Namen zu verewigen".[135]

Wer aus einer lebendigen Beziehung zu Gott lebt und Gott zur Verfügung steht, hinterlässt dagegen dauerhaft Spuren. Gott sind *die* Namen von Menschen wichtig, die mit ihm etwas bewegen. Mit ihnen verbinden sich Neuanfänge und Aufbrüche. Diese Namen bleiben im Gedächtnis gläubiger Menschen. Für sie gilt, was Jesus prophezeit, als eine Frau in Betanien ein Vermögen ausgibt, um ihn durch eine Salbung besonders zu ehren: „Überall in der Welt, wo man das Evangelium verkünden wird, wird man sich auch an sie erinnern und von dem reden, was sie getan hat" (Markus 14,9; NGÜ). Ganze Kapitel im Buch Nehemia bestehen fast nur aus Namenslisten, auch die Grußlisten in den neutestamentlichen Briefen umfassen Dutzende von Namen. Gott merkt sich die Namen von Menschen, die mit ihm etwas erlebt haben, die mit ihm zusammen Großes oder Kleines bewegt haben. Ihre Verewigung in der Bibel signalisiert enorme Wertschätzung. Sie alle sind bleibende Vorbilder für Glaubende. Genau wie Rut. Die Geschichte von Rut (und Boas) ist eine einzige Einladung – ein Teil in Gottes Geschichte zu sein.

IMPULS FÜR IM GLAUBEN
BEREITS BEHEIMATETE

Gott will auch *deinen* Namen verbinden mit etwas Bleibendem, mit seinem Handeln. Er will, dass du in seinem Sinn Spuren hinterlässt. Auch bei uns geschieht das oft völlig unspektakulär: Im Kindergottesdienst kann es die eine Geschichte sein, die bei einem Mädchen für immer hängenbleibt, ihr Bild von Gott ein Leben lang prägt. In der Nachbarschaft ist es vielleicht die kleine Einladung auf einen Streuselkuchen und einen Kaffee. Die kleine Postkarte im richtigen Augenblick. Die schnelle Unterstützung, wenn sie dringend nötig ist. In der kurzen Begegnung das eine spontane Wort, das erstaunlicherweise wirklich weiterhilft.

Was aus kleinen Situationen einmal wird, die langfristige Folgewirkung, in der sich Gottes Segen zeigt, wird oft erst vom Ende her sichtbar, im Rückblick. Boas wusste doch auch nicht, was sich einmal aus der ersten zufälligen Begegnung mit Rut entwickeln sollte. Er hat nicht mehr getan, als konsequent sein Leben mit Gott zu leben – und Gott konnte Geschichte schreiben mit ihm.

Was bin ich bereit zu investieren, wenn Menschen Gottes Nähe suchen? Ist es mir eine Ehre, Teil von Gottes Handeln zu sein, wenn Menschen in meiner Gemeinde Heimat suchen? Auch wenn es mir vermeintlich gar keine Vorteile bringt? Boas denkt nicht darüber nach, was ihn das alles kostet, sondern er freut sich, Gutes tun zu können.

Zugegeben: So richtig schwer fiel es Boas auch nicht, sich für Rut einzusetzen, dafür war sie einfach zu anziehend – aber ist es bei uns nicht auch oft so, dass die, die im Namen Gottes viel geben, oft das Gefühl haben, gleichzeitig viel zu empfangen? Erich Zenger hat Recht: „Wo Menschen selbstlos und mit Blick auf die Lebensnot anderer geben, da ist der gebende Gott (mit) am Werk. Wer anderen gibt, begegnet dabei selbst dem gebenden Gott. Wer anderen hilft, dem ist dabei Jahwe nahe."[136] Neutestamentlich gesprochen: Gerade dann, wenn wir bereit sind, das, was wir haben, mit Bedürftigen zu teilen, werden wir beschenkt – weil wir in dem Hungrigen, Durstigen, Fremden, Frierenden, Kranken und Gefangenen Christus selbst begegnen (vgl. Matthäus 25,35–40).

Wenn ich mein kleines Leben mit Gott lebe, auf ihn ausgerichtet, bin ich Teil der großen Geschichte Gottes mit den Menschen. Wenn ich Gottes Gnade erlebe und aus ihr lebe – dann kann Gott daraus etwas machen, etwas Großes. Dann wird Gott mit mir eine Segensspur ziehen, die ewig bleibt. Dann kann ich die Heimat, die ich bei Gott gefunden habe, teilen mit anderen.

Aber wenn es mir in erster Linie um meinen eigenen Namen geht, um mein Image, meine Selbstverwirklichung, dann wird es wahrscheinlich so sein, dass ich keine große Rolle spiele in Gottes Geschichte, dass ich in der Umsetzung von Gottes Plan unbedeutend bleibe, ein Herr Soundso. In 1. Korinther 3,10–15 macht Paulus deutlich, dass mein Beitrag am Reich Gottes von sehr unterschiedlicher Qualität und Bedeutung sein kann. Entscheidend ist, ob sich die wesentlichen Szenen meines Lebens in der göttlichen Endbeurteilung letztlich als wertlos und vergänglich oder als wertvoll und unvergänglich herausstellen.

Wie viel Eindruck meine Lebensgestaltung oder mein Lebenslauf auf mein Umfeld macht, ist letztlich nicht relevant. Wie wichtig ich mich und meine Aktivitäten auch nehme: Nur was in meinem Reden und Handeln ein Baustein in Gottes Handeln ist, hat Bedeutung für die Ewigkeit.

Der Gott des Friedens [...] möge euch die Kraft geben, all das Gute zu tun, das nach seinem Willen durch euch geschehen soll.
Durch Jesus Christus möge er in unserem Leben das bewirken, woran er Freude hat.
Ihm gebührt die Ehre für immer und ewig.
Amen.

(Hebräer 13,20f; NGÜ)

ANHANG 1:
BEDEUTUNGSVOLLE NAMEN

Besonders in Rut 1,20 („Nennt mich nicht Noomi, nennt mich Mara! Denn der Allmächtige hat mir sehr bitteres Leid zugefügt …“) wird es greifbar: Die Akteure im Buch Rut tragen bedeutungsvolle Namen. „Auf die genaue sprach- und namensgeschichtliche Herkunft der Namen kommt es gar nicht so sehr an, sondern auf das, was darin mitgehört worden ist.“[137] In den Namen der handelnden Personen klingen prägende Eigenschaften an, die sie jeweils treffend charakterisieren:

– Boas: der Potente; in ihm ist Kraft/Macht/ Stärke (die Charakterisierung kann sich auf Gott oder Boas beziehen)

– Elimelech: (mein) Gott ist König

– Kiljon: Schwäche

- Machlon: Krankheit (Erich Zenger ahmt in seiner Übersetzung mit „Schwächlich" und „Gebrechlich" den Lautreim der Namen Kiljon und Machlon nach[138])

- Mara: die Bittere/Verbitterte

- Noomi: die Süße, die Liebenswerte, die Liebliche

- Obed: Dienender

- Orpa: die den Rücken Kehrende, Nacken (= die sich Abwendende?)

- Peloni-Almoni: Herr Soundso, Dingsbums, NN, Herr XY, Irgendwer

- Rut: Freundin? Erquickung? (die Deutung des Namens ist nicht mehr verlässlich zu klären)

ANHANG 2:
SCHLÜSSELBEGRIFFE

Jedes Kapitel des Rut-Buches kreist um ein Schlüsselwort, das – auffallend oft wiederholt – den inhaltlichen Schwerpunkt der jeweiligen Szene deutlich macht. Diesen Leitwort-Stil könnte man als eine Art Vorläufer heutiger Schlagwortwolken oder *Tag Clouds* interpretieren, da er die Kernaussage, um die das jeweilige Kapitel kreist, hervorhebt.

Die Leitworte fungieren „wie Hinweisschilder, die durch die Erzählung führen, oder wie Schlüssel, mit denen Thema und Aussage der Erzählung erschlossen werden können".[139] Folgende Kernbegriffe helfen, das Geschehen der einzelnen Kapitel zu deuten:[140]

Kapitel	Schlüsselwort	Erläuterung
1	zurückkehren / umkehren / heimkehren 12 Nennungen im ersten Kapitel: Rut 1,6.7.8.10.11.12.15 (2x).16.21.22 (2x)	Auch Rut wird als Rückkehrerin bezeichnet (1,22; 2,6; 4,3), obwohl sie streng genommen ihr Heimatland verlässt. Ihr Wunsch, sich dem Volk Gottes anzuschließen, wird als „Heimkehr" zu Gott gewertet.
2	(Ähren) aufsammeln / auflesen 12 Nennungen im zweiten Kapitel: Rut 2,2.3.7.8.15 (2x).16.17 (2x).18. 19.23	Die Betonung dieses Stichworts kann als Anspielung auf 2. Mose 16 verstanden werden, als Verweis auf ein anderes Beispiel göttlicher Versorgung in einer Notsituation, die allerdings auch „erarbeitet" werden musste.
3	sich hinlegen / liegen 8 Nennungen im dritten Kapitel: Rut 3,4 (3x).7 (2x).8.13.14	Rut hat ihren Platz gefunden und erfährt Geborgenheit. Bei Boas kommt sie zur Ruhe, kann durchatmen. „Ruhe" steht (vgl. Hebräer 4,8ff) für das Gefühl, das Ziel erreicht zu haben und angekommen zu sein.
4	Lösen / Löser 14 Nennungen im vierten Kapitel: Rut 4,1.3-4 (5x).6 (4x).7.8.14	Die endgültige Lösung des Problems ist erreicht. Rut ist vollständig integriert im Volk Israel, gehört ohne Wenn und Aber dazu. Sie hat gefunden, was sie suchte: Einbettung, Sicherheit und Geborgenheit, kurz: Heimat.

Dazu kann man übergeordnete „Leitmotive"[141] identifizieren, die sich durch das ganze Buch ziehen. Diese kommen im Text nicht so gehäuft vor, stehen jedoch prominent an Schlüsselstellen. Neben dem Wort „Ruhe" ist insbesondere das Wort „Güte" (hebr. *chesed*), das auch mit Gnade, Treue, Barmherzigkeit oder Loyalität übersetzt werden kann, „das theologische Deutewort des Rutbuches".[142] Im Buch Rut taucht es zwar nur an drei Stellen auf (1,8; 2,20; 3,10), aber zwischen den Zeilen geht es die ganze Zeit um die damit thematisierte zentrale Eigenschaft Gottes.

Das Buch Rut interpretiert Gottes Güte auf eine besondere Art und Weise: Sie wird konkret im Handeln der Menschen. Menschen müssen Gottes Güte umsetzen und verwirklichen, damit sie erfahrbar wird – für den Handelnden und für den Empfangenden!

ANMERKUNGEN

1 Klaus Hofmeister/Lothar Bauerochse: *Wissen, wo man hingehört. Heimat als neues Lebensgefühl.* Würzburg 2006, S. 8.

2 Mascha Kaléko: *Mein Lied geht weiter. Hundert Gedichte.* München ¹⁶2015, S. 67.

3 Johann Wolfgang Goethe: *West-östlicher Divan.* Herausgegeben und erläutert von Hans-J. Weitz. Frankfurt ⁴1981, S.129.

4 Edgar Lüllau: *Rut – eine Heimatgeschichte. Predigt über das Buch Rut.* In: ZThG 13 (2008), S. 287–292, hier: S. 290.

5 Jutta Hausmann: *Rut. Miteinander auf dem Weg.* Leipzig 2005, S. 112.

6 In dem Liebeslied „Nach Hause" von der CD „48" (erschienen 2013).

7 Zitiert in Benedikt Müntnich: *Nachwort: Die Benediktsregel für Menschen unserer Zeit.* In: Johanna Domek: *Benediktinische Impulse – ein Jahresbegleiter.* Münsterschwarzach ²2007, S. 367–379, hier: S. 370.

8 Wilhelm Rudolph: *Das Buch Ruth – Das Hohe Lied – Die Klagelieder* (KAT XVII/1–3). Gütersloh 1962, S. 37.

9 Melanie Köhlmoos: *Ruth* (ATD 9,3). Göttingen 2010, S. 2.

10 Herbert Hajek: *Heimkehr nach Israel. Eine Auslegung des Buches Ruth.* Neukirchen 1962, S. 20.

11 Volker Steinhoff: *Das Buch Rut.* Wuppertal 1995, S. 247.

12 Hausmann, a.a.O., S. 12.

13 Ebd., S. 64.

14 Vgl. Renate Jost: *Freundin in der Fremde. Rut und Noomi.* Stuttgart 1992, S. 19.

15 Irmtraud Fischer: *Eine Schwiegertochter mehr wert als sieben Söhne! (Rut 4,15) Frauenbeziehungen im Buch Rut – ein Lehrbeispiel des Affidamento.* In: Herlinde Pissarek-Hudelist und Luise Schottroff (Hrsg.): *Mit allen Sinnen glauben. Feministische Theologie unterwegs.* Gütersloh 1991, S. 30–44, hier: S. 32.

16 Fritz Dürst: *Dein Gott ist mein Gott. Predigten über das Buch Ruth.* Zürich 1988, S. 24.

17 Steinhoff, a.a.O., S. 252.

18 In Anlehnung an Bernhard Schlink: *Heimat als Utopie.* Frankfurt am Main [8]2014, S. 9 und 24.

19 Schlink, a.a.O., S. 32.

20 Erich Zenger: *Das Buch Ruth* (ZBK AT 8). Zürich [2]1992, S. 122.

21 Köhlmoos, a.a.O., S. 14.

22 Jürgen Ebach: *Fremde in Moab – Fremde aus Moab. Das Buch Ruth als politische Literatur.* In: Jürgen Ebach/Richard Faber (Hrsg.): *Bibel und Literatur.* München [2]1998, S. 277–304, hier: S. 287.

23 Christian Frevel: *Das Buch Rut* (NSK.AT 6). Stuttgart 1992, S. 61.

24 "Physically and metaphorically she is on the border of two national identities", Peter H. W. Lau: *Identity*

and Ethics in the Book of Ruth – A Social Identity Approach (BZAW 416). Berlin/New York 2011, S. 95.

25 Roy Hession: Nahe bei dir. Entdeckungen im Buch „Ruth". Marburg 2009, S. 28.

26 Helmuth Egelkraut: Das Alte Testament. Entstehung – Geschichte – Botschaft. Gießen ⁵2012, S. 366.

27 Ebd., S. 367.

28 Hession, a.a.O., S. 46.

29 Hausmann, a.a.O., S. 50.

30 Helmut Lamparter: Das Buch der Sehnsucht: Das Buch Ruth. Das Hohe Lied. Die Klagelieder. Stuttgart ³1988, S. 29.

31 Jürgen Ebach: Im Wort zu Hause – Über biblische und jüdische Heimaterfahrungen. In: Klaus Möllering (Hrsg.): Wo mein Glaube zu Hause ist. Eine Heimatkunde für Himmelssucher. Leipzig 2006, S. 291–301, hier: S. 292.

32 Anselm Grün: Wo ich zu Hause bin. Von der Sehnsucht nach Heimat. Freiburg 2011, S. 96f.

33 Andreas Malessa: „Es rauschten leis' die Wälder" – Kitsch und Heimattümelei. In: Klaus Hofmeister/ Lothar Bauerochse: Wissen, wo man hingehört. Heimat als neues Lebensgefühl. Würzburg 2006, S. 42–56, hier: S. 55.

34 Bemerkenswert ist der Hinweis aus Hebräer 11,13–16, dass sich schon die Gläubigen des Alten Testaments nach der „Heimat im Himmel" (NGÜ) sehnten.

35 Corona Bamberg: Mönchtum in einer heimatlosen Welt. Würzburg 1984, S. 21.

36 Bamberg, a.a.O., S. 25.

37 Ebd., S. 38.

38 Steinhoff, a.a.O., S. 261.

39 In der Paraphrase von P. Raymund Schwager SJ, vgl. Andreas R. Batlogg und Melvin E. Michalski (Hrsg.): *Begegnungen mit Karl Rahner. Weggefährten erinnern sich.* Freiburg 2006, S. 65; zur Herleitung siehe dort Anmerkung 3 auf S. 68f.

40 Hans-Georg Wünch: *Das Buch Rut* (Edition C Bibelkommentar). Neuhausen-Stuttgart 1998, S. 121.

41 Vgl. Carlos Mesters: *Der Fall Rut: Brot, Familie, Land. Biblische Gespräche aus Brasilien.* Erlangen 1988, S. 42.

42 Vgl. Zenger, a.a.O., S. 50.

43 Hession, a.a.O., S. 50.

44 Dürst, a.a.O., S. 48.

45 Gillis Gerleman: *Ruth. Das Hohelied* (BK 18). Neukirchen-Vluyn 1965, S. 25.

46 Vgl. Ernst August Bremicker: *Auf dem Feld des Boas. Praktische Denkanstöße zu Ruth 2.* Hückeswagen 2002, S. 27.

47 Vgl. Baldwin, J. G.: *Ruth.* In: Donald Guthrie und J. Alec Motyer (Hrsg.): *Kommentar zur Bibel.* Wuppertal ⁷2008, S. 334–341, hier: S. 339, sowie Gerleman, a.a.O., S. 26.

48 Vgl. Wünch, a.a.O., S. 166.

49 Ebd., S. 169.

50 Irmtraud Fischer: *Rut* (HThK AT). Freiburg im Breisgau ²2005, S. 173.

51 Sue und Larry Richards: *Alle Frauen der Bibel: Ihre Geschichte. Ihre Fragen. Ihre Nöte. Ihre Stärke.* Gießen ²2003, S. 128.

52 Wünch, a.a.O., S. 151.

53 Steinhoff, a.a.O., S. 272.

54 Ebd., S. 276f.

55 Ebd., S. 309.

56 Bremicker, a.a.O., S. 42.

57 Köhlmoos, a.a.O., S. 29.

58 Vgl. Köhlmoos, a.a.O., S. 43.

59 Yair Zakovitch: *Das Buch Rut. Ein jüdischer Kommentar* (SBS 177). Stuttgart 1999, S. 119.

60 Steinhoff, a.a.O., S. 273.

61 Gerleman, a.a.O., S. 27.

62 Köhlmoos, a.a.O., S. 45.

63 Vgl. Hausmann, a.a.O., S. 20.

64 Vgl. Arnold G. Fruchtenbaum: *Das Buch Ruth. Eine Auslegung aus messianisch-jüdischer Perspektive.* Hünfeld ³2010, S. 60.

65 Werner Dommershausen: *Leitwortstil in der Ruthrolle.* In: Joseph Ratzinger und Johannes Neumann (Hrsg.): *Theologie im Wandel. Festschrift zum 150-jährigen Bestehen der katholisch-theologischen Fakultät an der Universität Tübingen 1817–1967.* München und Freiburg 1967, S. 394–407, hier: S. 402.

66 Hausmann, a.a.O., S. 92.

67 Lamparter, a.a.O., S. 14.

68 Rudolph, a.a.O., S. 32.

69 Vgl. Egelkraut, a.a.O., S. 367.

70 Hausmann, a.a.O., S. 92.

71 Köhlmoos, a.a.O., S. 81.

72 Steinhoff, a.a.O., S. 268.

73 Max Frisch: *Fragebogen.* Frankfurt am Main 1992, S. 75.

74 Markus 10,51; NGÜ.

75 Vgl. Gerleman, a.a.O., S. 31.

76 Vgl. Warren W. Wiersbe: *Sei hingegeben – Gottes Willen tun, was es auch kosten mag. Studien des Alten Testaments: Rut, Ester, Hohelied.* Dillenburg 2006, S. 49.

77 Jürgen Ebach: *„Wo du hingehst…" Ruth, in Dachau gehört. Bibelarbeit über das Buch Ruth.* In: Jürgen Ebach: *„… und behutsam mitgehen mit deinem Gott".* Bochum 1995, S. 78–94, hier: S. 90f.

78 Gerleman, a.a.O., S. 31.

79 Vgl. Jost (1992), a.a.O., S. 41.

80 Vgl. Ebach (1995), a.a.O., S. 90.

81 Vgl. Ebach (^{2}1998), a.a.O., S. 296.

82 Fischer (^{2}2005), a.a.O., S. 212, ähnlich bereits Wünch, a.a.O., S. 224.

83 Baldwin, a.a.O., S. 336.

84 Zenger, a.a.O., S. 20.

85 Gabriele Theuer: „Ein Vorschlag zur Güte". In: *Bibel heute*, 2. Quartal 2013, S. 12f.

86 Dommershausen, a.a.O., S. 405.

87 Fischer (^{2}2005), a.a.O., S. 83.

88 Wünch, a.a.O., S. 34.

89 Fischer (^{2}2005), a.a.O., S. 30.

90 Winfried Glatz: Manuskripte einer Predigtserie über das Buch Rut vom Juli/August 2009 in der Baptistengemeinde Berlin-Köpenick (Hofkirche). Online unter   http://hof-kirche.de/gottesdienste/predigten (letzter Abruf: 16.10.2017).

91 Egelkraut, a.a.O., S. 363.

92 Frevel, a.a.O., S. 115.

93 Vgl. Wünch, a.a.O., S. 227.

94 Fischer (^{2}2005), a.a.O., S. 39.

95 Wünch, a.a.O., S. 227.

96 Wiersbe, a.a.O., S. 52.

97 Frevel, a.a.O., S. 120.

98 Renate Zöller: „Heimat will geteilt sein". In: *Herrlich. Das GJW-Magazin* 1/2016, S. 6–9, hier: S. 9.

99 Simone Egger: *Heimat. Wie wir unseren Sehnsuchtsort immer wieder neu erfinden.* München 2014, S. 302.

100 Ebach (1995), a.a.O., S. 91.

101 Hajek, a.a.O., S. 77.

102 Regine Hunziker-Rodewald: *Rut.* In: *Erklärt – Der Kommentar zur Zürcher Bibel,* hrsg. von Matthias Krieg und Konrad Schmid. Zürich 2010, S. 592–602, hier: S. 602.

103 Hajek, a.a.O., S. 77. Vgl. auch Zenger, a.a.O., S. 78ff.

104 Fischer (²2005), a.a.O., S. 28.

105 Dürst, a.a.O., S. 85.

106 Zenger, a.a.O., S. 87.

107 Fischer (1991), a.a.O., S. 36.

108 Wiersbe, a.a.O., S. 58.

109 Peter H. W. Lau: *The Book of Ruth – Risky Kindness.* Singapore. Seremban 2012, S. 44f. Vgl. die Verse 5 und 10: Machlons Name soll weiterleben, er soll nicht aussterben, Vers 11: Boas' Name soll dauerhaft gerühmt werden, Vers 14: Obeds Name soll gerühmt werden, Vers 17: Obeds Name wird bewusst gewählt – und dann erst der Stammbaum am Ende des Kapitels, eine reine Namensliste!

110 Gerleman, a.a.O., S. 37.

111 Rudolph, a.a.O., S. 27.

112 Gerleman, a.a.O., S. 36.

113 An der Formulierung in Vers 10, Boas habe neben dem Feld Rut käuflich „erworben", sollte man sich nicht stören: „kaufen"/„erwerben" ist in juristischer Fachsprache der Fachbegriff, der „terminus technicus" von 3. Mose 25 und Jeremia 32 „für die Tat der Lösung". Damit wird „nicht die Heirat mit Rut mit dem Grundstückskauf gleichgesetzt, so als ob man eine Frau wie einen Acker kaufen könnte; mit dieser Sprachwahl wird das solidarische Handeln des Boas für beide Frauen als ‚schriftkonform' qualifiziert". Irmtraud Fischer: „Apropos ‚Idylle'... Das Buch Rut als exegetische Literatur". In: *Bibel und Kirche* 3/1999, S. 107-112, hier: S. 110. Vgl. auch ähnliche Formulierungen in 2. Mose 15,16 und Ps 74,2.

114 Rudolph, a.a.O., S. 64.

115 Wünch, a.a.O., S. 281.

116 Gerleman, a.a.O., S. 37.

117 Frevel, a.a.O., S. 142.

118 Fischer ([2]2005), a.a.O., S. 69.

119 Diese Sichtweise kann sich schon auf den Ansatz berufen, den Gott in 2. Mose 12,48 eröffnet: „Wenn sich aber ein Fremdling bei dir aufhält und dem HERRN das Passah feiern will, so soll bei ihm alles Männliche beschnitten werden, und dann komme er herbei, um es zu feiern; und er soll wie ein Einheimischer des Landes gelten."

120 Dürst, a.a.O., S. 90f.

121 Manche Übersetzungen beziehen diese Aussagen auf Rut.

122 Edward Allen Jones III: *Reading Ruth in the Restoration Period. A Call for Inclusion* (Library of Hebrew Bible/Old Testament Series, Volume 604). New York 2016, S. 52f.

123 Fulbert Steffensky: *Heimat im Gedächtnis der Toten.* In: Klaus Möllering (Hrsg.): *Wo mein Glaube zu Hause ist. Eine Heimatkunde für Himmelssucher.* Leipzig 2006, S. 221–229, hier: S. 223.

124 Fruchtenbaum, a.a.O., S. 99.

125 Lau (2011), a.a.O., S. 99.

126 Fischer (²2005), a.a.O., S. 254.

127 Fischer (²2005), a.a.O., S. 41.

128 Steinhoff, a.a.O., S. 310.

129 Hunziker-Rodewald, a.a.O., S. 601.

130 Frevel, a.a.O., S. 158.

131 Rudolph, a.a.O., S. 70.

132 Steinhoff, a.a.O., S. 315.

133 Glatz, a.a.O.

134 Steinhoff, a.a.O., S. 305.

135 Zakovitch, a.a.O., S. 41.

136 Zenger, a.a.O., S. 92.

137 Frevel, a.a.O., S. 21.

138 Zenger, a.a.O., S. 34.

139 Frevel, a.a.O., S. 17.

140 Vgl. dazu im Detail Dommershausen, a.a.O., Zenger, a.a.O., S. 18 und Hausmann, a.a.O., S. 39ff.

141 Frevel, a.a.O., S. 17f.

142 Fischer (²2005), a.a.O., S. 206.

LITERATURVERZEICHNIS

Backhaus, Franz Josef: „Ende gut, alles gut". In: Bibel heute, 2. Quartal 2013, S. 14–16.

Baldwin, J. G.: *Ruth*. In: Donald Guthrie und J. Alec Motyer (Hrsg.): *Kommentar zur Bibel*. R. Brockhaus Verlag, Wuppertal [7]2008, S. 334–341.

Batlogg, Andreas R. und Michalski, Melvin E. (Hrsg.): *Begegnungen mit Karl Rahner. Weggefährten erinnern sich*. Herder Verlag, Freiburg 2006.

Bamberg, Corona: *Mönchtum in einer heimatlosen Welt*. Echter Verlag, Würzburg 1984.

Boecker, Hans Jochen: *Wegweisung zum Leben. Recht und Gesetz im Alten Testament*. Deutsche Bibelgesellschaft, Stuttgart 2000.

Bremicker, Ernst August: *Auf dem Feld des Boas. Praktische Denkanstöße zu Ruth 2*. Christliche Schriftenverbreitung, Hückeswagen 2002.

Brenner, Athalya: „Was wenn ich Rut bin? Zur Rolle heutiger Leser und Leserinnen des Rutbuches". In: *Bibel und Kirche* 3/1999, S. 117–120.

Butting, Klara: „Die Bedeutung der Rolle Rut im Judentum: Dem Messias die Tür öffnen". In: *Bibel und Kirche* 3/1999, S. 113–116.

– *Die Buchstaben werden sich noch wundern. Innerbiblische Kritik als Wegweisung feministischer Hermeneutik*. Erev-Rav Verlag, Wittingen [3]2003.

Dommershausen, Werner: *Leitwortstil in der Ruthrolle.* In: Joseph Ratzinger und Johannes Neumann (Hrsg.): *Theologie im Wandel. Festschrift zum 150-jährigen Bestehen der katholisch-theologischen Fakultät an der Universität Tübingen 1817–1967.* Erich Wewel Verlag, München und Freiburg 1967, S. 394–407.

Dürst, Fritz: *Dein Gott ist mein Gott. Predigten über das Buch Ruth.* Theologischer Verlag, Zürich 1988.

Ebach, Jürgen: *„Wo du hingehst…" Ruth, in Dachau gehört. Bibelarbeit über das Buch Ruth.* In: Jürgen Ebach: *„… und behutsam mitgehen mit deinem Gott".* SWI-Verlag, Bochum 1995, S. 78–94.

- *Fremde in Moab – Fremde aus Moab. Das Buch Ruth als politische Literatur.* In: Jürgen Ebach / Richard Faber (Hrsg.) ²1998, S. 277–304.

- *Im Wort zu Hause – Über biblische und jüdische Heimaterfahrungen.* In: Klaus Möllering (Hrsg.) 2006, S. 291–301.

Ebach, Jürgen und Faber, Richard (Hrsg.): *Bibel und Literatur.* Fink Verlag, München ²1998.

Egger, Simone: *Heimat. Wie wir unseren Sehnsuchtsort immer wieder neu erfinden.* Riemann Verlag, München 2014.

Egelkraut, Helmuth: *Das Alte Testament. Entstehung – Geschichte – Botschaft.* Brunnen Verlag, Gießen ⁵2012.

Fischer, Irmtraud: *Eine Schwiegertochter mehr wert als sieben Söhne! (Rut 4,15) Frauenbeziehungen im Buch Rut – ein Lehrbeispiel des Affidamento.* In: Herlinde Pissarek-Hudelist und Luise Schottroff (Hrsg.): *Mit allen Sinnen glauben. Feministische Theologie unterwegs.* Gütersloher Verlagshaus Gerd Mohn, Gütersloh 1991, S. 30–44.

- *„Apropos ,Idylle'… Das Buch Rut als exegetische Literatur".* In: Bibel und Kirche 3/1999, S. 107–112.

– „Rut/Rutbuch". In: WiBiLex. Letzte Änderung: Oktober 2006. Online unter: https://www.bibel-wissenschaft.de/de/stichwort/33650/ (letzter Abruf: 11.08.2016)

– *Rut* (HThK AT). Herder Verlag, Freiburg im Breisgau ²2005.

Frevel, Christian: *Das Buch Rut* (NSK.AT 6). Katholisches Bibelwerk, Stuttgart 1992.

Frisch, Max: *Fragebogen*. Suhrkamp Verlag, Frankfurt am Main 1992.

Fruchtenbaum, Arnold G.: *Das Buch Ruth. Eine Auslegung aus messianisch-jüdischer Perspektive.* Christlicher Mediendienst, Hünfeld ³2010.

Gerleman, Gillis: *Ruth. Das Hohelied* (BK 18). Neukirchener Verlag, Neukirchen-Vluyn 1965.

Glatz, Winfried: „Bitter-Süß oder Lady in Black" (Rut 1); „Ähre, wem Ähre gebührt" (Rut 2); „Antrag um Mitternacht" (Rut 3) und „Die ‚Lösung' oder: Ein Schuh schreibt Geschichte" (Rut 4). Manuskripte einer Predigtserie über das Buch Rut vom Juli/August 2009 in der Baptistengemeinde Berlin-Köpenick (Hofkirche). Online unter http://hof-kirche.de/gottesdienste/predigten/ (letzter Abruf: 16.10.2017).

Goethe, Johann Wolfgang: *West-östlicher Divan.* Herausgegeben und erläutert von Hans-J. Weitz. Insel Verlag, Frankfurt ⁴1981.

Grün, Anselm: *Wo ich zu Hause bin. Von der Sehnsucht nach Heimat.* Kreuz Verlag, Freiburg 2011.

Hajek, Herbert: *Heimkehr nach Israel. Eine Auslegung des Buches Ruth.* Neukirchener Verlag, Neukirchen 1962.

Hausmann, Jutta: *Rut. Miteinander auf dem Weg.* Evangelische Verlagsanstalt, Leipzig 2005.

Hession, Roy: *Nahe bei dir. Entdeckungen im Buch „Ruth".* Verlag der Francke-Buchhandlung, Marburg 2009.

Höhn, Hans-Joachim: *Fremde Heimat Kirche. Glauben in der Welt von heute.* Herder Verlag, Freiburg 2012.

Hofmeister, Klaus/Bauerochse, Lothar: *Wissen, wo man hingehört. Heimat als neues Lebensgefühl.* Echter Verlag, Würzburg 2006.

Hunter, Alastair G.: „How many gods had Ruth?" In: *Scottish Journal of Theology* 34 (1981), Nr. 5, S. 427–436.

Hunziker-Rodewald, Regine: *Rut.* In: *Erklärt – Der Kommentar zur Zürcher Bibel,* hrsg. von Matthias Krieg und Konrad Schmid. Theologischer Verlag, Zürich 2010, S. 592–602.

Jones, Edward Allen III: *Reading Ruth in the Restoration Period. A Call for Inclusion* (Library of Hebrew Bible/ Old Testament Series, Volume 604). Bloomsbury T&T Clark, New York 2016.

Jost, Renate: *Freundin in der Fremde. Rut und Noomi.* Quell Verlag, Stuttgart 1992.

– „Das Buch Rut – ein Meisterwerk der Weltliteratur um den Überlebenskampf ausländischer Frauen." In: *Bibel und Kirche* 3/1999, S. 102–106.

Kaléko, Mascha: *Mein Lied geht weiter. Hundert Gedichte.* dtv, München [16]2015.

Keil, Carl Friedrich: *Biblischer Commentar über die prophetischen Geschichtsbücher des Alten Testaments, erster Band: Josua, Richter und Ruth.* Dörffling und Franke, Leipzig [2]1874.

Kimminich, Otto: „Heimat". In: LThK3, Band 4, Sp. 1364f.

Köhlmoos, Melanie: *Ruth* (ATD 9,3). Vandenhoeck & Ruprecht, Göttingen 2010.

Lamparter, Helmut: *Das Buch der Sehnsucht: Das Buch Ruth. Das Hohe Lied. Die Klagelieder.* Calwer Verlag, Stuttgart ³1988.

Lau, Peter H. W.: *Identity and Ethics in the Book of Ruth – A Social Identity Approach* (BZAW 416). de Gruyter, Berlin/New York 2011.
  - *The Book of Ruth – Risky Kindness.* Singapore. Armour Publishing / Seminari Theoloji Malaysia, Seremban 2012.

Lüllau, Edgar: *Rut – eine Heimatgeschichte. Predigt über das Buch Rut.* In: ZThG 13 (2008), S. 287–292.

Malessa, Andreas: *„Es rauschten leis' die Wälder" – Kitsch und Heimattümelei.* In: Hofmeister/Bauerochse 2006, S. 42–56.

MacDonald, William: *Kommentar zum Alten Testament.* CLV, Bielefeld 2005.

Mesters, Carlos: *Der Fall Rut: Brot, Familie, Land. Biblische Gespräche aus Brasilien.* Verlag der Ev.-Luth. Mission, Erlangen 1988.

Möllering, Klaus (Hrsg.): *Wo mein Glaube zu Hause ist. Eine Heimatkunde für Himmelssucher.* Evangelische Verlagsanstalt, Leipzig 2006.

Müntnich, Benedikt: *Nachwort: Die Benediktsregel für Menschen unserer Zeit.* In: Johanna Domek: *Benediktinische Impulse – ein Jahresbegleiter.* Vier-Türme-Verlag, Münsterschwarzach ²2007, S. 367–379.

Niehr, Herbert: „Die Rechtsprechung im Tor". In: *Bibel und Kirche* 3/1999, S. 128–129.

Reid, David R.: „Aus Lumpen zum Reichtum – Das Buch Rut". In: *Zeit & Schrift* 6/2005, S. 9–12.

Richards, Sue und Larry: *Alle Frauen der Bibel: Ihre Geschichte. Ihre Fragen. Ihre Nöte. Ihre Stärke.* Brunnen Verlag, Gießen ²2003.

Rudolph, Wilhelm: *Das Buch Ruth – Das Hohe Lied – Die Klagelieder* (KAT XVII/1–3). Gütersloher Verlagshaus Gerd Mohn, Gütersloh 1962.

Scharbert, Josef / Hentschel, Georg: *Rut / 1 Samuel* (NEB 33). Echter Verlag, Würzburg 1994.

Schlink, Bernhard: *Heimat als Utopie.* Suhrkamp Verlag, Frankfurt am Main ⁸2014.

Schmeing, Clemens: „Der Mensch zwischen unterwegs und zu Hause. Schöpferische Polaritäten im Sinne Benedikts". In: E*rbe und Auftrag* (1980), Nr. 6, S. 464–476.

Schwarzbauer-Haupt, Dorothea und Kogler, Franz: *Die Ahnfrauen Jesu. Tamar – Rahab – Rut – Batseba.* Frauenkommission der Diözese Linz, Linz 2006.

Steffensky, Fulbert: *Heimat im Gedächtnis der Toten.* In: Klaus Möllering (Hrsg.) 2006, S. 221–229.

Steinhoff, Volker: *Das Buch Rut.* In: Martin Holland/ Volker Steinhoff: *Das Buch der Richter und das Buch Rut* (Wuppertaler Studienbibel). R. Brockhaus Verlag, Wuppertal 1995, S. 235–316.

Theuer, Gabriele: „Lösung in Sicht". In: *Bibel heute,* 2. Quartal 2013, S. 10f.
  – „Ein Vorschlag zur Güte". In: *Bibel heute,* 2. Quartal 2013, S. 12f.

Wellmann, Bettina: „Das Buch Rut. Die Geschichte von zwei erfinderischen Frauen". In: *Bibel heute,* 2. Quartal 2013, S. 4–7.

Wiersbe, Warren W.: *Sei hingegeben – Gottes Willen tun, was es auch kosten mag. Studien des Alten Testaments: Rut, Ester, Hohelied.* Christliche Verlagsgesellschaft, Dillenburg 2006.

Wünch, Hans-Georg: *Das Buch Rut* (Edition C Bibelkommentar). Hänssler Verlag, Neuhausen-Stuttgart 1998.

Zakovitch, Yair: *Das Buch Rut. Ein jüdischer Kommentar* (SBS 177). Katholisches Bibelwerk, Stuttgart 1999.

Zenger, Erich: *Das Buch Ruth* (ZBK AT 8). Theologischer Verlag, Zürich ²1992.

Zöller, Renate: „Heimat will geteilt sein". In: *Herrlich. Das GJW-Magazin* 1/2016, S. 6–9.

DANKE!

Ein großes Dankeschön geht an …

– Kathrin Seckelmann, Detlef Eifler und Sabrina Fuchs (Gottesdienstleitung) sowie Markus Irom, Anna Lohrer, Daniel Warschun, Steffi Müller und Thorsten Lorenz (Musikteamleitung) für eine kreativ und engagiert vorbereitete Gottesdienstserie zum Buch Rut.

– Manfred Eifler für eine eigens dafür erstellte, bestechend schöne Bühnenvisualisierung.

– Elmar Köster für klärende Worte zum hebräischen Grundtext.

– Michael Schneider für sehr hilfreiche Korrekturen und Rückmeldungen zum Manuskript.

– Joachim Pletsch für einen entscheidenden Hinweis, den ich gerne aufgegriffen habe.

– meine Frau Steffi (noch einmal), die meine „Nebenbeschäftigung" des Predigens und Schreibens nicht nur duldet, sondern nach Kräften unterstützt.

ZUM AUTOR

Ulrich Müller, 1975 in Siegen geboren, ist Ältester der Evangelisch-Freikirchlichen Gemeinde Gütersloh und Benediktineroblate der Abtei Königsmünster. Er studierte an der Universität Bonn Erziehungswissenschaften, Psychologie und Soziologie. Im Hauptberuf ist Ulrich Müller Leiter politische Analysen in einem gemeinnützigen Think Tank. Dem Hochschulrat der Freien Theologischen Hochschule Gießen und dem Hochschulrat der Theologischen Hochschule Ewersbach gehört er als stellvertretender Vorsitzender an. Ulrich Müller ist verheiratet und hat drei Kinder.

Unter dem Titel *Sonntagsgedanken* veröffentlichte er 2015 eine Auslegung von zehn ausgewählten Psalmen.

www.ulrich-mueller.com

MEHR VON ULRICH MÜLLER

Sonntagsgedanken – Impulse aus den Psalmen
252 Seiten, Muldenhammer (Jota) 2015
ISBN 978-3-935707-82-4

Stimmen zum Buch:

„Ulrich Müller hat eine sehr konkrete und direkte Art, die Alltagswirklichkeit mit dem Wort Gottes in Kontakt zu bringen."

Abt em. P. Dr. Fidelis Ruppert OSB,
Abtei Münsterschwarzach

„Gerade die exegetische Qualität fasziniert den Leser und zeigt, welche konkrete Bedeutung die jahrtausendealten Texte für alle (glaubenden) Menschen aller Generationen hatten und haben."

Dieter Ziegeler (*Perspektive* 1/2016)

„Ulrich Müller versteht es, die jahrtausendealten Texte unmittelbar in die Gegenwart hineinsprechen zu lassen, ohne ihren historischen Zusammenhang zu ignorieren."

Michael Schneider (*Zeit & Schrift* 6/2015)

NEUFELD VERLAG

n(v)

Dallas Willard & John Ortberg
Jünger leben mittendrin

Mittendrin im Alltag. Und zugleich mittendrin im Reich Gottes. Wenn wir uns auf Jesus Christus einlassen, kann das auch für uns Realität werden.

Dieses Buch basiert auf einer Konferenz, die **Dallas Willard** kurz vor seinem Tod gemeinsam mit **John Ortberg** gestaltete. Durchdacht und tiefgründig, aber auch alltagsbezogen zeigen die Beiträge und Gespräche beider Autoren: Das Reich Gottes ist Wirklichkeit. Und wir können dabei sein. Wenn wir Jesus Christus und seine Worte ernst nehmen. Für ein Leben in Fülle, das Tiefe und ewige Bedeutung bekommt.

Hardcover, 189 S., ISBN 978-3-86256-055-4

NEUFELD VERLAG

Der Neufeld Verlag ist ein unabhängiger, inhabergeführter Verlag mit einem ambitionierten Programm. Wir möchten bewegen, inspirieren und unterhalten.

Stellen Sie sich eine Welt vor, in der jeder willkommen ist!

Das wär's, oder? Am Ende sehnen wir alle uns danach, willkommen zu sein. Die gute Nachricht: Bei Gott bin ich willkommen. Und zwar so, wie ich bin. Die Bibel birgt zahlreiche Geschichten und Bilder darüber, dass Gott uns mit offenen Armen erwartet. Und dass er nur Gutes mit uns im Sinn hat.

Als Verlag möchten wir dazu beitragen, dass Menschen genau das erleben: *Bei Gott bin ich willkommen.*

Unser Slogan hat noch eine zweite Bedeutung: Wir haben ein Faible für außergewöhnliche Menschen, für Menschen mit Handicap. Denn wir erleben, dass sie unser Leben, unsere Gesellschaft bereichern. Dass sie uns etwas zu sagen und zu geben haben.

Deswegen setzen wir uns dafür ein, Menschen mit Behinderung willkommen zu heißen.